Barack Obama

Bibliografische Information der Deutschen Nationalbibliothek
Die Deutsche Nationalbibliothek verzeichnet diese Publikation in der
Deutschen Nationalbibliografie; detaillierte bibliografische Daten sind
im Internet über http://dnb.d-nb.de abrufbar.

ISBN 978-3-89639-620-4

Markus Günther

Barack Obama

Amerikas neue Hoffnung

Für Rainer Bonhorst

Inhalt

Vorwort

Kein anderer Politiker hat die Amerikaner in den letzten Jahren so fasziniert wie Barack Obama. Seine flammenden Reden über Hoffnung und Erneuerung haben die USA zwischenzeitlich in einen Rausch der Begeisterung gestürzt, und noch bevor er sein erstes politisches Mandat in der Hauptstadt hatte, wurde schon spekuliert, er könne einmal Präsident werden. Warum gerade er? Und warum gerade jetzt? So leicht ist das nicht zu beantworten, aber sicherlich kommt eines zum anderen: Obama ist eine politische Ausnahmeerscheinung in vielerlei Hinsicht, und Amerika sehnt sich gerade jetzt, am Ende der turbulenten und aufwühlenden Jahre mit George W. Bush, nach einem grundlegenden Richtungswechsel und Neuanfang. Die Suche nach Halt und Orientierung ist in den USA heute so groß wie selten zuvor. Hinzu kommt, dass sich die Amerikaner in Barack Obama mit seiner vielschichtigen Persönlichkeit, seinem hohen sozialen Anspruch und seiner komplexen Herkunftsgeschichte offenbar besonders gut wiederfinden: Er ist genauso ehrgeizig, missionarisch und multikulturell wie das Land, dessen Präsident er werden will. Man hat Amerikas Begegnung mit diesem Mann zu Recht mit einer Art Rorschachtest verglichen, also der Sinnsuche in diffusen Tintenklecksen, bei der jeder dasselbe Bild vor Augen hat und dennoch jeder etwas anderes zu erkennen glaubt: Barack Obama als Projektionsfläche heimlicher Wünsche und Ängste einer verunsicherten Nation.

Dieses Buch ist natürlich keine Biographie im eigentlichen Sinne, aber weniger noch ist es eine Hommage an einen Politiker. Begeisterung war nicht die Motivation, um dieses Buch zu schreiben. Es geht vielmehr darum, einen ersten neugierigen

Blick auf den Mann zu werfen, der die USA vielleicht früher oder später führen wird, ganz sicher aber im Innern schon jetzt so aufgewühlt hat wie kein anderer Politiker seit John F. Kennedy. Die Beobachtungen und Eindrücke sind naturgemäß vorläufig und unvollständig. Es sind die hastig aufgeschriebenen Notizen eines Reporters im amerikanischen Vorwahlkampf. Dabei ist dieser Blick auf Obama auch immer ein deutscher Blick, denn wer ihn als Nicht-Amerikaner beobachtet und begleitet, sieht ihn und das Geschehen natürlich mit anderen Augen als amerikanische Journalisten. So gesehen geht es hier um mehr als nur um Barack Obama. Es geht auch um die Eigentümlichkeiten moderner Wahlkämpfe in den USA, um Sitten und Unsitten amerikanischer Politik und, nicht zuletzt, um die inneren Widersprüche der amerikanischen Gesellschaft.

Washington, im Oktober 2007 *Markus Günther*

1 Auf den ersten Blick

„Ladies and gentlemen, the next President of the United States" – an dieser Stelle schon jetzt eine Kunstpause, um dem Applaus Zeit zu geben, dramatisch anzuschwellen, die Spannung der letzten Sekunde vor dem ersten Blick bis ins Fieberhafte steigen zu lassen, und erst dann, mit überakzentuierten Anlauten weiter: – „Ba-rack O-bama!" Doch alles bleibt still. Noch ist es eben nicht so weit. Die Ankündigung ist ja ohnehin eine Mischung aus amerikatypischer Anmaßung und wahlkampfüblichem Wunschdenken, in ihrer Selbstgewissheit so übertrieben wie das allgegenwärtige „Satisfaction guaranteed!", wo in Wahrheit gar nichts garantiert ist. Der Kandidat ist natürlich noch lange nicht Präsident, ja, er ist noch nicht einmal Kandidat. Und er ist auch noch lange nicht hier, in Birmingham, Alabama. Das wird noch knapp zwei Stunden dauern, und die fulminante Ankündigung von der Bühne war nichts weiter als die Mikrofonprobe für später. „Great, it's great!", ruft schließlich jemand aus dem Hintergrund, und der Mann auf dem Podest, ein nassgeschwitzter kleiner Mann, Hautfarbe weiß, nicht schwarz, mit Schnäuzer und Poloshirt, lässt vom Mikrofon ab und verschwindet wieder. Es wird aufgebaut und vorbereitet, Techniker ziehen ein Transparent hinter der Bühne hoch, zwei schwarze Putzfrauen fegen den Saal, der längst blitzblank ist, noch einmal gründlich durch, Kameraleute richten sich auf der gegenüberliegenden Empore ein, in der hinteren linken Ecke stehen zwei Männer in dunklen Anzügen, die ein gutes Dutzend eingeschweißte Lichtbildausweise um den Hals und je zwei Mobiltelefone am Gürtel tragen und dabei streng und skeptisch begutachten, ob ihr Mann hier auch wirklich gut in Szene gesetzt wird, nicht zu klein und nicht zu groß im Bild erscheint, nicht zu dunkel und nicht zu blass rüberkommt. Sie gestikulieren viel und sagen sich mutmaßlich wichtige Dinge in einem diskreten, aber leicht hektischen Flüsterton, bis sie schließlich zufrieden sind, nicken, immer wieder „Yes", „Okay" und „Great" sagen, und dann den Saal verlassen. In 90 Minuten kommt Barack Obama.

Frühsommer 2007. Obama tritt heute im Sheraton-Hotel von Birmingham auf, für den *Alabama Kickoff*, wie das heißt, also den Wahlkampfauftakt in diesem Bundesstaat. Noch ist mit Wahlkampf genau genommen Vorwahlkampf gemeint, denn erst muss sich der Kandidat in der eigenen Partei durchsetzen. Doch weil das weder eine postalische Mitgliederbefragung noch eine Delegiertenabstimmung auf einem Parteitag besorgt (und wenn doch, dann nur, um ein Wahlergebnis, das bis dahin längst feststeht, noch einmal formal nachzuvollziehen und medial neu zu inszenieren), sondern öffentliche Vorwahlen stattfinden, die mit Fernsehspots und Kundgebungen wie ein richtiger Wahlkampf ausgetragen werden und an denen in einigen Bundesstaaten nicht nur Parteimitglieder, sondern sämtliche Wahlberechtigten teilnehmen dürfen, ist die Grenze zwischen Wahlkampf und Vorwahlkampf fließend, und das heute mehr denn je, denn unter dem Druck des aufgeregten Medienbetriebes beginnt mit jeder Wahl ein neuer Wahlkampf, nach dem Spiel ist vor dem Spiel, Politik ist als sportlicher Wettkampf noch am ehesten zu begreifen, und so sind die alten amerikanischen Zyklen aus Primaries, Wahlkampf und wahlkampfloser Regierungszeit einem unendlichen politischen Tamtam gewichen, das fortwährend insinuiert, es gehe jetzt ums Ganze. Vermutlich stimmt das sogar. Denn weil sich keiner leisten kann, zu spät zu kommen, weil gegen die Schnelligkeit des Betriebes nur hilft, noch schneller zu sein als die anderen, ist der Wahlkampf jetzt und hier, anderthalb Jahre vor der nächsten Präsidentenwahl, längst in vollem Gange. Bill Clinton gab seine Kandidatur erst acht Wochen vor den ersten

Primaries und nur zwölf Monate vor der Präsidentschaftswahl bekannt. Das waren andere Zeiten.

Im klimatisierten „Ballroom" des schmucklos-schnöden Sheraton in Downtown Birmingham, wo sonst High-School-Proms oder Hochzeiten gefeiert werden, sind jetzt die ersten Besucher eingetroffen. Eintrittskarten – 1500 wurden vorab abgesetzt – werden kontrolliert und abgerissen oder aus dem Reservepool von 500 Karten erst jetzt und hier verkauft. 25 Dollar „freiwillige Spende" muss man bezahlen, um den Kandidaten zu sehen. Es ist ein Pauschalpreis ohne Differenzierung nach Stehplatzzonen, die zuletzt zwar zu Mehreinnahmen, aber auch manchem Ärger geführt haben. Heute also: Gleicher Preis für alle. Das Geld fließt, theoretisch jedenfalls, in den Wahlkampf. Tatsächlich ist bis zum Ende des Tages schon nichts mehr davon übrig, denn die Eintrittsgelder decken kaum die Kosten einer solchen Veranstaltung. Doch es geht um die Mischkalkulation: 2000 Menschen bringen 50 000 Dollar in die Kasse, 30 Minuten Blitzauftritt generieren wertvolle Fernsehbilder in den lokalen Abendnachrichten überall in Alabama und, wenn's gut läuft, noch ein wenig darüber hinaus in benachbarten Südstaaten, dazu kommt die Zeitungsberichterstattung des nächsten Tages, und, nicht zu unterschätzen: 2000 Besucher sind selbst Multiplikatoren. Sie kommen, sie gehen, sie erzählen anderen, was sie erlebt haben. Paradoxerweise sind gerade die amerikanischen Wahlkämpfe mit der traditionell übermächtigen Bedeutung des Fernsehens immer auch Wald- und Wiesenwahlkämpfe geblieben, die den Kandidaten kreuz und quer durchs Land führen, die in Fernsehstudios und Footballstadien, aber auch in Scheunen, Werkstätten, Wohnzimmern, Schulklassen und Altersheimen stattfinden. Jeder amerikanische Wahlkämpfer absolviert bei weitem mehr Live-Auftritte als etwa ein deutscher Politiker. Es wird von ihm erwartet, und selbst die hochbezahlten Gurus der modernen Polit-PR, die natürlich aufs Fernsehen setzen und zunehmend auch aufs Internet, halten die persönliche Begegnung von Kandidat und Wähler für unverzichtbar.

Sie denken dabei an Leute wie Christi Haynes. Die dreifache Mutter ist unter den ersten Besuchern im Sheraton-Hotel. Sie ist gekommen, weil sie Barack Obama sehen und sich eine eigene Meinung bilden will. „Ich werde bestimmt nicht Hillary Clinton wählen, das weiß ich", sagt Christi Haynes, die in einem Viertel der weißen Mittelklasse in Birmingham wohnt, „ich traue ihr nämlich nicht." Obamas Wahlkampfstrategen lieben Frauen wie sie. Auf genau sie hat man es abgesehen. Sie könnte am Ende zu denen gehören, die Barack Obama zum Präsidenten machen. Aber: „Ich weiß noch nicht, wen ich wählen werde. Auch bei Obama bin ich mir noch nicht sicher." Das hören seine Strategen weniger gern. Die Frau muss erst noch überzeugt werden. Sie sagt: „Let's wait!" und bedient sich am Wasserspender in der Ecke. Das Geschehen auf der Bühne wird jetzt hektischer, es hat sich ein unruhiges Gemurmel über den nun gut gefüllten Saal gelegt, für fünf Dollar kann man einen Obama-Sticker kaufen und für zehn ein T-Shirt, die zwei Männer mit den vielen Ausweisen vor der Brust stehen wieder in der Ecke und flüstern sich wieder wichtige Dinge zu, jemand fummelt noch einmal am Mikrofon herum. Die Scheinwerfer sind noch nicht eingeschaltet, eine schwer identifizierbare, aber sehr nach amerikanischem Autoradio klingende Musik läuft in genau der Lautstärke, in der man sie weder hören noch ignorieren kann. „Noch zehn Minuten", sagt jemand, der sich mit hochrotem Kopf durchs Gedränge schiebt.

Warum überhaupt Alabama? Die Kandidaten beider Parteien arbeiten sich derzeit eigentlich ganz woanders ab, nämlich in Iowa und New Hampshire. Auch Obama ist oft dort, zu manchen Zeiten fast täglich, denn mit den Iowa „Caucuses", einem sehr urigen, bürgerversammlungsartigen, und in den Details auch für

Eingeweihte kaum nachvollziehbaren Abstimmungssystem in mehreren Stufen, beginnen im Januar 2008 die Vorwahlen um die Präsidentschaftskandidatur. Wenige Tage später folgt New Hampshire mit den ersten regelrechten Primaries. Beide Staaten haben durch die frühen Termine, die sie regelmäßig mit allerlei Drohungen, Beschimpfungen und neuen Gesetzen gegen den vorwitzigen Eifer anderer Staaten verteidigen, eine unverhältnismäßige Bedeutung in der Frühphase amerikanischer Wahlkämpfe erlangt. Viele Kandidaten beider Parteien stecken fast ihr gesamtes Geld (und ihre verfügbare Zeit) in diese beiden Staaten, um dann möglichst mit frühen Siegen neue Aufmerksamkeit und neue Wahlkampfspender zu gewinnen, eine Favoritenrolle zu erobern und für die weiteren Vorwahlen als der Kandidat dazustehen, an dem einfach keiner mehr vorbeikommt. Das ist auch Barack Obamas Taktik. Doch er denkt längst über Iowa und New Hampshire hinaus. Er weiß, dass sich seine politische Zukunft nicht nur in den schwer kontrollierbaren Abstimmungen im amerikanischen Hinterland entscheiden wird, sondern im Zentrum der politischen Debatten Amerikas. Kann Barack Obama das am Ende der Ära Bush polarisierte und im Innern zerrissene Land einigen? Wie viel traut man ihm zu? Was hat er wirklich drauf? Ist er „Amerikas neue Hoffnung", wie ihn ein britischer Korrespondent schon 2004 überschwänglich genannt hatte? Kann man in ihm den Mann erkennen, der den Irak-Krieg beendet und die Truppen heimholt, ohne einen uferlosen Regionalkrieg am Golf zurückzulassen? Hat er Antworten auf die großen Fragen der Zeit, auf Terrorangst und Globalisierung, auf Gesundheitskrise und illegale Einwanderung? Und natürlich, es hat ja keinen Sinn drumherum zu reden: Ist er als Schwarzer überhaupt wählbar?

Das sind die Fragen, die die meisten Menschen beschäftigen, die heute hierhergekommen sind. Fast ausnahmslos sehen sie Barack Obama zum ersten Mal. Man hat viel gehört, es gibt einen regelrechten Medienrummel um ihn, er ist schon jetzt ein richtiger Politstar, ein Kennedy auf Kredit, der seinen Ruhm vor allem den großen Hoffnungen und Erwartungen verdankt, die man in ihn setzt. Die reale Bilanz seiner Laufbahn dagegen ist, jedenfalls in der Papierform und auf den ersten flüchtigen Blick, eher dürftig. Obama war nie Gouverneur eines Bundesstaates oder Mitglied einer regionalen Regierung, er war auch nie Abgeordneter im Repräsentantenhaus, er war nicht Minister und auch kein berühmter General. Allein diese Kombination an Erfahrungsdefiziten macht die Wahl Obamas, von der Hautfarbe einmal ganz abgesehen, historisch unwahrscheinlich. Denn unter den genannten Voraussetzungen ist in den letzten 233 Jahren noch niemand zum Präsidenten gewählt worden. Vergleichbar unerfahren war zuletzt wohl Warren Harding, der 1921 als Nachfolger Woodrow Wilsons Präsident wurde, nachdem er nur sechs Jahre Senator gewesen war. Bezeichnenderweise stellte Harding selbst später fest, dass er für dieses Amt „völlig ungeeignet" war. Er schaffte als Erster überhaupt den Sprung aus dem Senat direkt ins Weiße Haus und hatte, wie Obama, vor der kurzen Zeit im Kongress nur in seinem Heimatstaat Ohio im Parlament gesessen. Allerdings war er, anders als Obama, auch schon einmal stellvertretender Regierungschef in Ohio gewesen. Obama dagegen war nur Senator in Illinois und ist nun seit Anfang 2005 Senator seines Staates in Washington. Harding war zudem ein sehr erfolgreicher Verleger. Obama aber ist auch kein millionenschwerer Geschäftsmann. Dass er unter all diesen Voraussetzungen als Kandidat überhaupt so ernst genommen wird und manchen gar als heimlicher Favorit gilt, ist sensationell und erklärt sich nur aus jener Mischung von Klugheit und Kalkül, Charme und Charisma, Ehrgeiz und Ehrlichkeit, die ihm alles in allem vielleicht zu Recht nachgesagt wird.

Der Auftritt hier in Alabama hat allerdings mehr mit Ehrgeiz und Kalkül zu tun. Denn Alabama soll eine Lücke schließen und als Testfall durchgespielt werden: Wie gut kommt der Kandidat aus dem hohen Norden hier unten, tief im Süden, an? Kann er sich als Schwarzer auf die Sympathie der Schwarzen verlassen und das idealerweise so, dass keine weißen Wähler verschreckt werden? Auf Dauer kann es sich Barack Obama einfach nicht leisten, als kleinmütiger Taktierer durch das Farmland Iowas zu ziehen und Stimmen zu zählen. Er muss nach vorn schauen, in die Offensive gehen, Themen und Sprüche ausprobieren, sich in neuen Posen versuchen, Erfahrungen sammeln, er muss einfach noch besser werden. Er weiß es selbst, und er ist entschlossen dazu. Alabama ist Wahlkampf und Workshop zugleich.

„Ladies and gentlemen!", ruft jetzt jemand vom Rednerpult, die Scheinwerfer sind eingeschaltet, Hände recken sich nach oben, der Lärm schwillt an, „Sir Charles Barkley!" Der berühmte Basketballspieler, in den USA eine Sportlegende, ist bislang das einzige echte Schwergewicht aus Sport und Showbusiness, das Obama offiziell unterstützt. 113 Kilogramm bringt Barkley auf die Waage und zehntausende treuer Fans an die Urnen. In Alabama, dort, wo er aufgewachsen ist, zählt sein Wort viel. Und wichtiger noch: Barkley ist kein Demokrat, sondern parteilos, und bis 2006 war er sogar noch Republikaner. Von den Bushes und Cheneys in die politische Heimatlosigkeit getrieben, verdächtigt ihn niemand, ein Linker zu sein. Er steht in der politischen Mitte, misstrauisch gegen linke Weltverbesserer, in den letzten Jahren aber auch skeptisch geworden, ob die Republikaner sich nicht ideologisch völlig verrannt haben. Sir Charles Barkley, wie ihn die amerikanischen Medien nennen, ist für Obama Gold wert in einem Staat, den die Demokraten bei keiner Präsidentschaftswahl seit 1976 gewonnen haben.

„Barack Obama ist jemand, der versöhnt", ruft Barkley in breitem Südstaatendialekt von der Bühne, „wir haben zu viele Spalter in diesem Land. Unsere Politik ist total kaputt. Wir brauchen jemanden, der das in Ordnung bringt. Ich mag Barack Obama, ich mag ihn wirklich. Bitte hören Sie zu, was Barack Obama zu sagen hat, bitte." Eloquent ist das nicht, aber darauf kommt es ja auch nicht an. Es zählt, dass er hier ist und Obama unterstützt. Und es zählt, dass er ein schwarzer Superstar ist, einer, der den Ghetto-Akzent nie ganz abgelegt hat. Denn eines der größten Probleme Barack Obamas ist ja kurioserweise sein Verhältnis zu den Schwarzen. Umfragen zeigen, dass der schwarze Wählerblock, der „black vote", bislang mehrheitlich an Hillary Clinton geht. Das mag viele Gründe haben, aber einer ist sicher, dass Obama, der Sohn eines kenianischen Einwanderers und einer weißen Farmertochter aus dem Mittleren Westen, nicht als Schwarzer wahrgenommen wird, nicht als *so* ein Schwarzer jedenfalls – und an dieser Stelle verständigen sich Amerikaner gern mit Blicken über das Gemeinte – „You know what I mean, right?" –, um all die schwierigen, peinlichen, politisch inkorrekten Begriffe und Wertungen zu vermeiden, die ja *so* auch nicht gemeint sind, aber irgendwie eben doch: Obama ist nicht *so* ein Schwarzer, er kommt nicht aus dem Ghetto, er ist kein Nachfahre der Sklaven, er kennt nicht aus eigener Familienerfahrung die Armut in den berüchtigten Vierteln Washingtons, Philadelphias oder Chicagos, er kennt nicht die allgegenwärtige Angst und Kriminalität, die Hoffnungslosigkeit, den unterdrückten Hass auf die Weißen. Er ist ein Schwarzer, aber ein *anderer* Schwarzer – „You know what I mean". Er sieht aus wie was Besseres, er redet wie was Besseres, er ist was Besseres. Und das muss er auch sein, um die weiße Mittelklasse für sich zu gewinnen, aber er darf es nicht sein, will er auch den „black vote" haben. Deshalb sind Zeugen und Fürsprecher wie Barkley so wichtig.

Und Alabama ist eben gerade mit Blick auf die kniffligen „Race Issues", die Themen und Konflikte zwischen Schwarz und Weiß, der erste Testfall. In Iowa gibt es nur 2,8 Prozent Schwarze, in

New Hampshire 1,3 Prozent. In Alabama sind es 27 Prozent. Und in kaum einem anderen Bundesstaat sind die Erinnerungen an die Unterdrückung der Schwarzen so lebendig, nirgends sonst ist die Geschichte von Sklaverei und Bürgerkrieg bis zur Bürgerrechtsbewegung der sechziger Jahre so präsent. Die Kriegsflagge der Konföderierten klebt als Sticker und dumm-stolze Provokation noch auf den Kofferräumen vieler Autos, man kauft sie für 1,99 Dollar an der Tankstelle, und sie ist in moderierter Form bis heute die offizielle Fahne des Staates; das Verfassungsverbot von Ehen zwischen Schwarzen und Weißen, wiewohl schon lange nichtig, wurde erst nach einer Volksab-stimmung im Jahr 2000 gestrichen. Die Vergangenheit ist nicht tot, sie ist nicht einmal vergangen. Alabama, das ist „the Heart of Dixie", was in den Ohren der Weißen nach flotter Musik und Jack Daniels, nach Southern Comfort und Mississippi-Dampfern klingt. Für Schwarze aber klingt Dixie nach Ku-Klux-Klan und Lynchmord.

Barack Obama ist immer noch nicht da. Im Saal steht man jetzt dicht gedrängt. „Schluss, mehr geht nicht. Keiner kommt mehr rein", sagt jemand an der Kartenkontrolle. Die Kapazitätsgrenze und das Tagesziel sind erreicht: Ein weiterer 2000er steht zur Besteigung durch den Kandidaturkandidaten bereit; für diesen frühen Zeitpunkt im Wahlkampf sind das gigantische Größen-verhältnisse. John Kerry hätte im Sommer 2003, also im Jahr vor der Präsidentschaftswahl, kaum 200 Menschen auf die Bei-ne gebracht. Nach dem Aufwärmprogramm mit Charles Barkley ist auf der Bühne nun der Tiefpunkt einer jeden amerikanischen Wahlkampfveranstaltung erreicht: Es sprechen die Lokalpoliti-ker. Sie geben vor, Obama unterstützen zu wollen, aber in Wahr-heit ist es umgekehrt: Sie wollen etwas von seinem Glanz abbe-kommen. Sie rühmen sich damit, ihn zu kennen. Sie schwimmen im Kielwasser seines Erfolges und sind jederzeit bereit, einem anderen mutmaßlichen Sieger hinterherzupaddeln. Artur Davis ist Abgeordneter im Repräsentantenhaus und vertritt Alabamas siebten Wahlbezirk, 632 000 Einwohner, Teil des „Black Belt", reichlich Baumwolle, altes Plantagenland, in dem die Schwarzen gut zwei Drittel der Bevölkerung stellen und das Durchschnittseinkommen bei 2100 Dollar brutto pro Monat liegt, wo Mercedes die M-Klasse bauen lässt und der Index für amerikanische Armut partiell Höchstwerte erreicht. Davis redet feurig, er beugt sich weit vorn und ballt die Hand mit dem goldenen Siegelring zur Faust, beim Sprechen sieht man die winzigen Speichelpartikel, die aus seinem Mund fliegen, im Scheinwerferlicht glänzen. Er ist heute morgen erster Klasse aus Washington eingeflogen und bietet die alte Wir-da-unten-ihr-da-oben-Rhetorik. Der Beifall ist mäßig. Eigentlich will ihn keiner hören.

Hinter ihm, noch während er spricht, marschieren jetzt Studenten mit handgemalten Schildern auf. In den amerikanischen Nationalfarben rot-blau-weiß, mit dicken Strichen und ungelenker Schrift stehen dort Sprüche wie „Birmingham loves Obama" und „Hope for America" und „Barack the Vote". Jemand hat einfach ein großes O auf eine weiße Tafel gemalt, den Buchstaben mit rot-weiß-blauen Stars and Stripes dekoriert und darunter die Worte gesetzt: „The next President!" Das sieht sehr improvisiert aus, wie die Schilder einer Schüler-Demo, spontan und unprofessionell, vielleicht mangelhaft ausgeführt, aber ungemein sympathisch. Das alles wissen die Strategen, die solche Wahlkampfveranstaltungen planen. Deshalb haben sie die Schilder in Auftrag gegeben und genau so erstellen lassen, dass sie wie das Ergebnis einer ungeplanten Sympathiebekundung aussehen. Sam Mitchell, Leiter des Obama-Wahlkampfteams an der Universität von Alabama in Birmingham, hatte aus dem Obama-Hauptquartier vorab den Auftrag bekommen, die Schilder zu fertigen und geeignete Träger zu finden. „Es läuft gut bei uns", berichtet er von dem kleinen Stück Landkarte, das er für Barack

Obama beackert, „die Studenten hier mögen ihn. Ich glaube, er wird die *Primaries* in Alabama gewinnen. Die Leute hier sind konservativ, aber Obama spricht auch sie gut an, weil er eigentlich für eine limitierte Rolle des Staates ist, aber immer dann einen starken Staat will, wenn es um Recht und Ordnung und nationale Sicherheit geht." Am Morgen hat sich Sam Mitchell mit den Studenten getroffen und die Schilder nach den Vorgaben aus der Zentrale gemalt. Jetzt marschieren seine Jungs und Mädels auf die Bühne und werden von den Männern in den dunklen Anzügen, mit den Lichtbildausweisen um den Hals und den Mobiltelefonen am Gürtel, einer nach dem anderen positioniert. Die Männer flüstern wieder diskret, aber hektisch, und ihr Blick verrät neue Skepsis. Sie mischen die Gesichter, die später hinter dem Redner wie zufällig im Fernsehbild stehen sollen, noch einmal neu durch. Sie suchen die Hübschen und Gutgelaunten, aber auch die Mischung muss stimmen: Schwarz wie Birmingham, weiß wie die Landesmehrheit, und irgend etwas dazwischen für den Multikulti-Effekt. Das Gerede und Geschiebe schafft mächtig Unruhe, Artur Davis hat jetzt die letzten echten Zuhörer verloren, man beobachtet lieber den Aufmarsch und die umsichtige Ordnung des Menschenmaterials durch die Regisseure. Nach vielen Schritten und Handgriffen sieht man die beiden Männer in den dunklen Anzügen verschwinden. Sie stehen noch kurz am Bühnenrand, schauen sich das entworfene Panorama aus Schildern und Gesichtern an und flüstern sich etwas zu. Man hört es nicht, aber man ahnt es: „Yes. Great. Okay."

Und dann passiert's: „Ladies and gentlemen, the next President of the United States", sagt der lokale Abgeordnete Artur Davis, der dabei noch einmal lauter spricht und wieder Speichelpartikel fliegen lässt, bevor er eine Kunstpause macht, um dem Applaus Zeit zu geben, dramatisch anzuschwellen, was er auch tut, es ist tatsächlich ein Tosen wie beim Auftritt eines Rockstars, die

Musik im Hintergrund ist jetzt noch lauter, aber weil auch der Jubel so laut ist, kann man sie wieder nicht hören, dafür aber beruhigt ignorieren, denn jetzt dröhnt und jubelt alles, der Saal tobt, wie man so sagt, und man sieht den Mann, um den es geht, schon von links aus dem Dunkel kommen und die ersten Hände schütteln, als Artur Davis endlich mit überakzentuierten Anlauten ruft: „Ba-rack O-bamaaa!"

Für fast alle im Saal folgt nun nach langem Warten, nach Vorfreude und Neugierde, nach dem Gefühl, schon so viel über diesen Mann zu wissen und ihn schon so oft gesehen zu haben, ein Realitätsschock, also die Feststellung, dass sich das reale Gegenüber doch signifikant vom imaginierten Menschen unterscheidet, und es braucht ein paar Augenblicke, bis beide Bilder angepasst und wieder deckungsgleich sind. Niemand denkt in diesem Moment über Politik nach. Es sind die ganz natürlichen, menschlichen Fragen, die sich mit einem Kennenlernen und einem ersten Eindruck verbinden und jetzt im Halbbewusstsein diskutiert werden: Mag ich diesen Menschen? Fühle ich mich in seiner Gegenwart wohl oder unwohl? Sieht er gut aus? Was genau ist anders, als ich erwartet habe? Vielleicht liegt die Überraschung darin, dass Obama älter aussieht oder jünger, dass seine Haut dunkler ist, als man sich das vorgestellt hat, oder heller, dass er kleiner oder größer ist, dass er sympathischer oder unsympathischer wirkt. „You never get a second chance to make a first impression", heißt eine amerikanische Redensart: Die Chance, einen guten ersten Eindruck zu machen, gibt es nur einmal. Obama weiß das. Deshalb ist er in diesen ersten Augenblicken sehr darauf konzentriert, viel zu lächeln, mit möglichst vielen Menschen einen kurzen Blickkontakt aufzunehmen, so viele Hände zu schütteln, wie nur irgend möglich, auf alles, was man ihm jetzt zuruft und was er beim besten Willen nicht verstehen kann, „Thank you!" zu antworten, jeden Anflug von Arroganz zu vermeiden, sich dabei dynamisch und kraftvoll auf der Bühne zu bewegen, ohne gehetzt zu erscheinen. Und dann ist er endlich in der Mitte angekommen, hat noch rasch die aufgestellten Claqueure mit den Schildern einzeln und je mit Handschlag begrüßt, zeigt jetzt lachend auf die Schilder, als habe er die Sprüche noch nie gesehen, dann dreht er sich um, nimmt das Mikrofon in die Hand und sagt in den nur langsam abebbenden Applaus hinein siebenmal „Thank you!", bevor es still wird und er sprechen kann.

Wenn man jetzt immer noch damit beschäftigt ist, sich diesen fremden Menschen erst einmal genauer anzusehen, und deshalb Mühe hat, konzentriert zuzuhören, verpasst man nichts, denn bevor er mit seiner Rede beginnt, kommen ritualisierte Floskeln an und über die Lokalpolitiker, die Gastgeber und die örtlichen Helfer, sowie ein längerer Ausdruck der gespielten Überraschung darüber, dass so viele gekommen sind. Während diese Dinge abgearbeitet werden, hat das Zucken der Blitzlichter noch nicht aufgehört. Zwar sind die Profis mit den dicken Objektiven längst fertig, und manche von ihnen verlassen schon den Saal, doch immer noch sind viele Arme mit Digitalkameras und Mobiltelefonen nach oben gereckt, um einen Schnappschuss von dem berühmten Mann zu machen.

Da steht er. Barack Obama, genauer gesagt: Barack Hussein Obama. (Der zweite Vorname, den er, anders als in den USA üblich, weder nennt noch abkürzt, sondern wegen des islamischen Einschlags und der unschönen Assoziationen, z. B. Saddam Hussein, möglichst komplett verschweigt, deutet Herkunft und Religion des Vaters gleichen Namens an), geboren am 4. August 1961 auf Hawaii, also jetzt 46 Jahre alt, verheiratet, Vater zweier Töchter, Jurist mit Harvard-Ausbildung, Millionär und Bestsellerautor, doppelter Wohnsitz in Chicago und Washington, derzeit einer von zwei US-Senatoren des Staates Illinois und einziger Schwarzer in der zweiten, aber wichtigeren Kammer des amerikanischen Parlaments sowie der erst fünfte schwarze Senator überhaupt. 1,88 Meter groß, drahtig und sehr schlank, fast schon schmächtig im Vergleich zu den vielen durchtrainierten Männern der amerikanischen Politik und Wirtschaft. Das Gesicht schmal, die Haare kurz, minimal gekräuselt, mit leicht erhöhter Stirn und wenigen grauen Haaren an den Schläfen, die Ohren nach oben hin leicht abstehend, Augen und Mund schön und scharf geschnitten, ausgeprägte Falten auf beiden Mundseiten, starke Vertikalfalten an der Nasenwurzel, die Zähne strahlend weiß. Bei der Festnahme durch die Polizei oder als Patient im Krankenhaus würde Barack Obama als *Black* registriert, hier und dort ersatzweise als *African American*. Doch seine Haut ist heller als die der meisten Schwarzen in den USA, eben das, was man einmal „mischlingsfarben" genannt hat, dabei sehr gepflegt und geschmeidig, fast ohne Bartwuchs im Gesicht. Kein Schönling, ja nicht einmal ein sonderlich gutaussehender Mann, aber einer, der Intelligenz und Selbstvertrauen in jeder Faser seines Wesens trägt und damit doch ein starker, blendend wirkender Typ ist.

Der beige Anzug mit dem weißen Hemd und der rot-braunen Krawatte steht ihm ausgezeichnet. Er sieht damit anders aus als die uniformierten amerikanischen Politiker in ihren immergleichen dunklen Einreihern und den minimal zu kurz geschnittenen Hosenbeinen. Obamas Anzug sitzt. Er gibt ihm mehr breites Kreuz, als er hat, und sieht dabei doch frisch und sportlich aus. Das Mikrofon, schnurlos, aber etwas altmodisch und groß wie eine kleine Coca-Cola-Flasche, hält Obama abwechselnd in der rechten und in der linken Hand mit dem goldenen Ehering (Amerikaner tragen üblicherweise den Ehering links), und er hält es zwischen den vorderen Fingerspitzen, nicht so blasiert und affektiert wie ein Schlagersänger, aber auch nicht so robust wie die meisten Politiker. Durch den häufigen Wechsel des Mikrofons von der einen zur anderen Hand und die immer leicht gespreizte Fingerhaltung wird noch mehr Aufmerksamkeit auf die Hände gezogen, die groß und schlank sind, perfekte Männerhände, die Obama zu vielen Gesten einsetzt, vor allem zu einer, bei der der Arm weit nach vorn gestreckt ist und die Hand mit geraden Fingern in eine Richtung deutet. Es ist seine favorisierte Wahlkampfpose, und sie setzt ihn gut in Szene. In diesen Momenten sieht er schon aus wie ein Präsident von historischer Bedeutung.

Aber warum sollte sein Aussehen so wichtig sein? Glaubt jemand ernsthaft, dass das wahlentscheidend sein wird? Schwer zu sagen. Schon im Fall Kennedy ist durchaus umstritten, inwieweit ihm sein Aussehen geholfen hat, und erst recht wäre es gewagt zu behaupten, es habe in den Wahlkämpfen George H. W. Bush gegen Bill Clinton, Bill Clinton gegen Bob Dole, Al Gore gegen George W. Bush und George W. Bush gegen John Kerry eine entscheidende Rolle gespielt. Das hat es nicht. Doch darum geht es auch nicht, und im Fall Barack Obama liegen die Dinge anders. Kerry wäre der erste Katholik im Weißen Haus seit Kennedy gewesen, Hillary Clinton wäre die erste Frau überhaupt, Michael Bloomberg der erste Jude und Mitt Romney der erste Mormone. Barack Obama wäre der erste Schwarze. Das ist, bei allen gefährlichen Doppelbödigkeiten des Themas, eben doch in erster Linie ein visueller Faktor, und deshalb ist sein Anderssein und Andersaussehen ein genuiner Teil seiner Wahlkampfstrategie wie auch seiner Wahlkampfprobleme. Barack Obama kann nicht Präsident werden, *weil* er Schwarzer ist, und er wird vielleicht auch nicht einmal Präsident *trotz* seiner Hautfarbe. Er wird es, wenn er es wird, weil die Menschen Vertrauen in ihn setzen und das Gefühl haben, dass nichts Bedeutendes oder Beunruhigendes gegen ihn spricht, auch nicht seine Hautfarbe oder sein Aussehen.

Doch jetzt wird es Zeit zuzuhören. Die Handy-Knipser sind fertig, die Eröffnungsfloskeln sind abgearbeitet, und Barack Obama beginnt zu reden. Es ist seine *stump speech*, die Standardrede für durchschnittliche Wahlkampfauftritte ohne besonderen Anlass, die zwar ständig weiterentwickelt und den Besonderheiten des Ortes, des Publikums und der Aktualität angeglichen wird, im Kern aber einem bewährten Muster, oder besser: einem Drehbuch folgt, das ganze Stäbe von Beratern und Redenschreibern mit und für Barack Obama entwickelt haben. Es ist persönliches Credo und professionelle Wahlwerbung zugleich, Angriff und Abwehr, Standortbestimmung und Vorstellungsgespräch.

„Wenn ich all diese Menschen hier sehe, ist die Versuchung groß zu glauben, dass alle wegen mir gekommen sind. Und ich könnte mich darüber freuen und zu mir selbst sagen, wie toll ich wohl bin. Doch es geht nicht um mich. Es geht um etwas, das größer und wichtiger ist, es geht um unsere Zukunft." Schon diese kleine dramatische Wendung von der eitlen Koketterie zur staatsmännischen Beschwörungspose hat genügt, um den großen Ballsaal mit den 2000 Besuchern nun vollständig zur Ruhe zu bringen und die lange Anfangshektik endlich verschwinden zu lassen. Ab jetzt hat Barack Obama das Publikum fest im Griff. „Ich verstehe, dass in meiner Kandidatur ein gewisser Übermut liegt, eine Kühnheit. Ich weiß, ich habe noch nicht genug Zeit in Washington zugebracht, um zu lernen, wie die Dinge dort laufen. Aber ich bin schon lange genug in Washington, um zu verstehen, dass sich etwas ändern muss darin, wie die Dinge in Washington laufen." Viel Kopfnicken, aber kein Applaus. Obama spricht jetzt über seine Herkunft, über seine Kindheit, seine ersten Jahre in Chicago „ohne Geld und ohne Beziehungen", als er einen Job als eine Art schlecht bezahlter Sozialarbeiter in den Schwarzen-Ghettos von Chicago annahm, „motiviert von einer einzigen, einfachen, machtvollen Idee: dass ich eine kleine Rolle spielen kann bei der großen Aufgabe, ein besseres Amerika zu bauen". Und dort, in den Ghettos, habe er mehr für und über das Leben gelernt als auf jeder Schulbank, die er drücken musste.

„Und es war dort", seine Stimme senkt sich, „wo ich wirklich verstanden habe, was mein christlicher Glaube bedeutet." Pause. Viel Kopfnicken.

Mit dem wenigen ist doch schon viel abgearbeitet, oder wenigstens angedeutet: der Führungsanspruch, die Legitimation dieses Anspruchs nicht durch eine eitle und egoistische, sondern durch eine soziale, humanitäre Motivation, die Forderung nach Veränderungen, der Hinweis auf die persönliche Lebensgeschichte, der Ausweis des christlichen Glaubens. Und da die Reporter, die Barack Obama begleiten, auch die kleinen Abweichungen in der *stump speech* aufmerksam registrieren und vermerken, machen die Journalisten hier erstmals Notizen, denn der Hinweis auf den eigenen Glauben fällt an vielen Orten, etwa im liberalen New Hampshire im Nordosten, meistens weg. Aber hier, tief im Süden, wo den Leuten, den Schwarzen zumal, das „God bless you!" noch ganz flüssig und ohne jedes Zögern über die Lippen kommt, weist sich auch der Kandidat aus dem Norden als *Brother* aus, also als Mitglied der schwarzen Solidargemeinschaft, die ohne ihre christliche Komponente undenkbar wäre.

So gibt es viele Arten, diese Rede zu hören oder zu lesen: als normaler, neugieriger Besucher, der sich einen Eindruck machen will von dem, was dieser Mann zu sagen hat; als politischer Beobachter, der Barack Obama längst kennt, aber gerade die kleinen Abweichungen und Nuancen, die lokalen und kulturellen Adaptionen verfolgen will, um den Kandidaten, seine Stärken und Schwächen, noch besser zu verstehen und allmählich zu erahnen, was für ein Präsident er sein würde; als Spion des feindlichen Wahlkampflagers (tatsächlich haben die großen Teams, also die von Barack Obama, John Edwards und Hillary Clinton schon begonnen, Vertraute zu den Auftritten ihrer Konkurrenten zu entsenden, um blitzschnell auf einen Angriff, eine offensichtliche Schwäche oder eine Peinlichkeit des Widersachers reagieren zu können); als Lokalpolitiker, der sich fragt, ob es klug sein mag, sich schon jetzt an einen der Kandidaten zu binden, um bei seinem Aufstieg mit nach oben gezogen zu werden; als eingefleischter Obama-Fan, dessen Urteil längst feststeht und dessen Begeisterung unerschütterlich ist, der aber all seine Hoffnungen, Erwartungen und Projektionen jetzt noch einmal live bestätigt finden will. Jede Perspektive ist anders, in jeder wirkt die Rede vielleicht besser, schlechter, fesselnder, langweiliger, überraschender, und für alle Empfänger seiner Botschaften muss Barack Obama das richtige Wort finden. Das ist schwierig, aber er macht es gut. Und er macht es so, als wäre es leicht.

„Wir wissen alle, welches heute die Herausforderungen sind – ein Krieg ohne Ende, unsere Abhängigkeit vom Öl, die unsere Zukunft bedroht, Schulen, in denen viel zu viele Kinder sitzen, die gar nichts lernen, Familien, die unheimlich hart arbeiten und sich trotzdem von einem Lohn zum nächsten mühsam durchkämpfen. Wir kennen die politischen Herausforderungen, wir haben so viel darüber gehört, wir haben seit Jahren darüber gesprochen. Was uns daran gehindert hat, diese großen Herausforderungen zu meistern, ist nicht das Fehlen politischer Ideen. Was uns aufgehalten hat, ist das Versagen der politischen Führung, das Kleinkarierte der Politik, die Leichtigkeit, mit der man uns ablenken konnte, unsere ständige Angst vor schwierigen Entscheidungen, unsere Vorliebe für kleine Punktsiege im politischen Geschäft. Was wir stattdessen versäumt haben, ist, unsere Ärmel hochzukrempeln und eine gemeinsame Grundlage zu erarbeiten, wie man diese großen Probleme angehen kann." Wieder Kopfnicken. Wieder kein Applaus.

Vieles an dieser Passage der Rede ist bemerkenswert. Obama kritisiert die Politik, aber nicht die Regierung; er spricht viel mehr von „unseren Fehlern" als von denen der politischen Gegner; er appelliert ganz allgemein an Vernunft, Bürgergesinnung und gesunden Menschenverstand, statt konkrete Versprechungen zu machen; er fordert eine Überwindung der politischen Gräben und der parteilichen Kleingeistigkeit und achtet sorgfältig darauf, nicht in demselben Atemzug den Gegner anzugreifen. Und das alles kommt sprachlich sehr schlicht und unpathetisch daher. Es soll also eine Gesprächsgrundlage für alles weitere geschaffen werden, es ist eine erste Verständigung erzielt worden darüber, dass jeder vernünftige Mensch Politik per se skeptisch betrachtet und sich fragt, warum Politiker immer viel zu viel mit sich selbst und miteinander, aber so wenig mit den richtigen Problemen beschäftigt sind. Zudem soll den Menschen in Alabama, die zweimal mehrheitlich Präsident Bush gewählt haben, beim zweiten Mal sogar mit noch größerer Mehrheit, ihre mutmaßliche Dummheit nicht schon in den ersten Minuten der Rede um die Ohren gehauen werden, denn langfristig, weit jenseits des Wahlkampfes um die Kandidatur, muss Obama auch die Wechselwähler der Mitte und sogar Stammwähler der Republikaner für sich gewinnen, wenn er tatsächlich Präsident werden will. Idealerweise sollen die Zuhörer zu diesem Zeitpunkt ein wenig überrascht sein, positiv überrascht, versteht sich, sie sollen den Eindruck haben, dass Barack Obama ein sehr vernünftiger Mensch ist, dass er mit beiden Beinen auf dem Boden steht, dass er anders ist als andere Politiker und nicht gleich das Blaue vom Himmel verspricht und den Gegner rhetorisch in Grund und Boden stampft. Alles, was er sagt, soll überraschend unaufgeregt und eben nicht nach Wahlkampf klingen, es soll einfach Hand und Fuß haben. „Hm ..., that makes sense", sollen die Zuhörer sich in diesen Augenblicken in Gedanken sagen, dann hätte die Rede bis hierhin die volle Punktzahl erreicht. Und wichtiger noch: Sie hat dann das psychologische Fundament gelegt für das, was nun kommt.

„In den letzten sechs Jahren hat man uns gesagt, dass unsere steigenden Schulden bedeutungslos sind. Man hat uns gesagt, dass die Angst, die alle Amerikaner vor steigenden Gesundheitskosten und stagnierenden Löhnen haben, nur eine Illusion ist. Man hat uns erklärt, dass harsche Rhetorik und ein schlecht geplanter Krieg die Diplomatie ersetzen können, und die Strategie und die Weitsicht ...“ – jetzt brandet Beifall auf, starker Beifall, aber Obama spricht weiter, und er spricht jetzt allmählich schneller und energischer – „Und wenn alles andere schiefgeht, wenn Katrina passiert oder die Verlustzahlen im Irak steigen, dann sagt man uns, dass jemand anderes an unseren Krisen schuld ist. Wir werden dann vom eigentlichen Versagen abgelenkt, indem man uns antwortet, schuld sei die andere Partei oder schuld seien die Schwulen, oder schuld seien die Einwanderer. Und in dem Maße, in dem die Leute sich abgewandt haben, weil sie von der Politik desillusioniert und frustriert sind, haben andere die Lücken gefüllt: Die Zyniker und die Lobbyisten und die Vertreter der vielen einzelnen Interessen haben unseren Staat in ein Spiel verwandelt, das zu spielen nur sie selbst sich leisten können. Die stellen die Schecks aus, während Sie auf den Rechnungen sitzenbleiben. Die können einfach überall hinein, wo Sie nur einen Brief hinschreiben können ...“ – Beifall brandet wieder auf, Obama spricht noch etwas schneller und noch etwas lauter. Er will diese Sätze nun zu Ende bringen, er will vor der nächsten kleinen Pause noch einen ganz bestimmten Satz erreichen: „... die glauben, dass ihnen der Staat gehört, aber wir sind heute hier, um ihn zurückzuerobern. Die Zeiten für diese Art der Politik sind vorbei. Es ist Zeit, eine neue Seite aufzuschlagen.“ Beifall, viel Beifall, zum ersten Mal eine Art von Euphorie.

Das ist nicht verwunderlich, denn nun ist in wenigen Sätzen wieder viel geschehen. Wäre es keine politische Rede, sondern ein Gespräch am Küchentisch, würde man jetzt sagen: Langsam, langsam, da ging jetzt aber einiges durcheinander, da werden jetzt plötzlich Krieg und Katrina, Lobbyisten und Lohndumping in einen Topf geworfen. Aber so ist eben Wahlkampf. Und dass hier und heute alles neu und alles anders wird, war natürlich eine Illusion.

Nachdem Obama gerade noch den Moderaten, den Sachlichen, den Ruhigen und Ausgleichenden gegeben hatte, war er nun für ein paar Augenblicke der Angreifer, der Polemiker, der Populist. Mit wenigen Worten hat er den Turbo der politischen Rhetorik eingeschaltet, die Regierung schonungslos an den Pranger gestellt, hochpopuläre Reizthemen wie den Lobbyisten-Einfluss beiläufig eingestreut, sämtliche großen Kalamitäten der letzten Jahre (von selbstverschuldeten wie dem Irak-Krieg, bis zu Naturkatastrophen wie den Wirbelstürmen an der Golfküste) beklagt, und die Klage am Ende plötzlich in ein schnelles Offensivmanöver verwandelt: „It is time to turn the page!" Das war der Satz, auf den das alles hinführen sollte, das Aufbruchsignal dieser Kampagne. Es ist einer seiner wichtigsten Slogans, zwar ein uralter Klassiker amerikanischer Wahlkämpfe, aber in der Auseinandersetzung dieser Jahre mit einer neuen Bedeutung: Wer etwas anderes, etwas grundlegend anderes will und den Mut hat, in neuen Dimensionen zu denken, der darf nicht einfach nur die Partei wechseln oder irgendeinen normalen Politiker unterstützen, er muss Barack Obama wählen.

Obama hat nun genau das gemacht, was er vorher mit überlegener Ruhe und Gelassenheit kritisiert hat, eine Politik der Schuldzuweisungen, die auf den eigenen Vorteil zielt. Doch das spielt in diesem Augenblick keine Rolle. Die Zuhörer im Saal können eben nicht sagen: Langsam, langsam, hier mal ein paar Gegenfragen und Einwände. Sie zerlegen die Rede auch nicht in ihre rhetorischen Bausteine. Sie lassen sich führen. Sie hören zu. Und je länger sie zuhören, desto besser gefällt ihnen, was sie hören.

Auffallend aber auch dies: Trotz der plötzlichen Wendung ins Aggressive ist der Name George W. Bush noch nicht einmal gefallen. Dabei könnte man mühelos punkten, wenn man sich vor diesem Publikum, harsch oder hämisch, den Präsidenten zur Brust nehmen würde. Doch so einfache Bälle können andere spielen. Obama macht es viel geschickter.

„Leicht wird es nicht. Deshalb müssen wir klare Prioritäten setzen. Wir müssen uns zu schwierigen Entscheidungen durchringen. Und auch wenn der Staat eine wichtige Rolle spielen wird bei den Veränderungen, die wir durchsetzen wollen, Geld und staatliche Programme allein werden uns nicht dorthin bringen, wo wir hin wollen. Jeder von uns, jeder in seinem eigenen Leben muss Verantwortung übernehmen" – irgend etwas, vielleicht die Stimme, die Lautstärke oder das Sprechtempo, signalisiert jetzt, dass hier wieder neuer Schwung genommen wird, dass die Rede einem zweiten Höhepunkt zustrebt – „damit wir den Erfolg unserer Kinder sichern, damit wir uns an eine Wirtschaft mit mehr Wettbewerb anpassen, damit wir uns die Opfer, die zu bringen sind, gerecht teilen" – und jetzt ist es kein Sprechen mehr, sondern ein Rufen, begleitet von eindringlichen Gesten – „Lasst uns anfangen. Lasst uns diese schwierige Arbeit gemeinsam angehen. Lasst uns diese Nation verwandeln." Schon während der letzten Sätze war der Beifall lauter geworden, ganz am Ende musste Barack Obama fast schreien. Jetzt tobt der Saal.

Was folgt, ist eine Liste von Eck- und Programmpunkten, in rhetorischer Serienschaltung vorgetragen, stets mit dem einleitenden Satz: „Lasst uns die Generation sein, die ..." Und in den nachfolgenden Relativsätzen wird dann die Liste traditioneller und zeitgenössischer Wählerbedürfnisse abgearbeitet, von sozialer Gerechtigkeit und Gesundheitsreform bis zu Umweltschutz und Energiepolitik, natürlich alles sehr vage formuliert, man könnte auch, etwas böswillig, sagen: floskelhaft. Doch so sind Wahlkampfreden nun einmal, dermaßen frühe umso mehr, und entscheidend ist ja nun auch nicht in erster Linie die programmatische, sondern die persönliche Überzeugungskraft des Kandidaten.

Und? Ist er überzeugend? Die einfachste und kürzeste Antwort lautet: Ja. Wie viele im Saal von *Liebe auf den ersten Blick* sprechen würden, ist unklar, aber sicher ist, Barack Obama hat gerade 2000 neue, begeisterte Anhänger gewonnen. Die Rede ist noch gar nicht zu Ende, aber schon jetzt hat keiner mehr einen Zweifel: Ja, dieser Mann hat das Zeug zum Präsidenten. Er kann führen. Jedenfalls kann er *ver*führen. Denn das Publikum hat gar nicht so genau gemerkt, wie aus einer Wahlkampfveranstaltung eine politische Bewegung geworden ist, aus einer trägen Stehmasse eine Gemeinschaft, aus einer Rede eine Predigt. „Lasst uns diese Nation verwandeln." Das ist ein großer, ein gigantischer Anspruch. Hillary Clinton würde, jedenfalls auf einer normalen Wald- und Wiesenwahlkampfveranstaltung, viel sachlicher formulieren. John Edwards, ein phantastischer Rhetoriker mit starken sozialen Akzenten und populistischen Neigungen, würde auch mit viel Pathos, aber am Ende doch lieber von der „gerechteren Gesellschaft" sprechen. „Lasst uns diese Nation verwandeln"? Hat Barack Obama das wirklich gerade so gesagt? Das ist nicht nur in Wortwahl und Syntax theologisch angehaucht, es ist auch so gemeint: Politik als Vision, Wahlkampf als Bewegung, Rhetorik als Gemeinschaftserlebnis. Und Barack Obama als Erlöser.

Die Zuhörer sind jetzt berauscht, und genau das ist ja der Sinn der Sache. Das Zuhören, also das genaue Hinhören auf das, was gesagt wird, fällt jetzt noch viel schwerer, denn alles ist jetzt Erleben. Barack Obama spricht schneller, die Stimme kratzt manchmal aufgeregt an unvorteilhaften Höhen. Ohnehin sind Stimme und Intonation unter den Äußerlichkeiten vielleicht seine größten Schwächen – wenn man, noch einmal ganz leichtfertig und nur vorübergehend, die Frage ausklammert, ob nicht seine Hautfarbe eine, vielleicht die entscheidende Schwäche seiner Kandidatur sein kann. Im Ton ist Obama sehr der Typ aus dem Norden, unverkennbar aus urbanem Milieu, und dass er den nöligen Chicago-Akzent nie angenommen hat, ist nicht nur ein Vorteil, sondern auch ein Nachteil, denn dadurch klingt er noch mehr nach Ostküste, Neu-England, Efeu-Liga, Nantucket-Urlaub, Golfplatz undsoweiter. Doch diese, im Süden höchst unvorteilhaften Assoziationen sind jetzt längst vergessen, genauso wie die Verwunderung über die jungenhafte, immer etwas brüchige Stimme und die gelegentlich schlechte Aussprache aus einem sich oft räuspernden Mund, der immer mit einem leichten Feuchtigkeitsmangel zu kämpfen scheint. Man hat diese ersten Eindrücke vergessen, weil in den letzten 25 Minuten so viel passiert ist, und weil etwas anderes, eben nicht die Stimme, aber die Person, die Gesamterscheinung, der Gestus und Habitus dieses Mannes, doch so fesselnd sind, dass sich sogar unverkennbare Schwächen lückenlos ins positive Gesamtbild einordnen.

Die nächste Wendung „Lasst uns die Generation sein ..." führt Barack Obama zum 11. September 2001, dem Tag der Terroranschläge, ohne dessen Erwähnung auch heute, sechs Jahre später, keine amerikanische Wahlkampfrede denkbar ist. „Lasst uns die Generation sein, die niemals vergisst, was am 11. September 2001 geschehen ist, und lasst uns in die Konfrontation mit den Terroristen gehen, mit allem, was wir haben." Es ist einer der schwächsten, weil floskelhaftesten und leidenschaftslos abgespulten Teile seiner Rede, und die Aufforderung, den 11. September 2001 nicht zu vergessen, ist, wörtlich genommen, lächerlich, und im übertragenen Sinne ein ganz billiger Appell an patriotische Gefühle. Die gewünschte Wirkung im Publikum tritt auch prompt ein. Es wird stiller im Saal, gefasster, andächtiger, manche bewegen jetzt wieder den Kopf auf und ab, aber es ist kein zustimmendes Nicken, sondern ein bedächtiges Wiegen des

Kopfes, mit leicht zusammengepressten Lippen. Man kann Obama nicht einmal vorwerfen, dass er versucht, den 11. September 2001 mit seinen beispiellosen Schrecken für sich und seinen Wahlkampf zu vereinnahmen. Denn das machen alle so.

Vom 11. September schlägt Obama den naheliegenden Weg in Richtung Irak ein. Er spricht über verlorenes Vertrauen in der Welt, die Notwendigkeit zu kluger Diplomatie im Kampf gegen den Terrorismus, über die Überlegenheit amerikanischer Werte, die, richtig eingesetzt und kommuniziert, auf Dauer jeden Feind in die Knie zwingen werden. „Aber all das kann nicht geschehen, wenn wir es nicht schaffen, den Krieg im Irak zu beenden. Die meisten von Ihnen wissen, dass ich von Anfang an gegen diesen Krieg war", Obama sagt es besonders unakzentuiert und fast beiläufig, weil es einer seiner stärksten Pluspunkte in der Auseinandersetzung mit den anderen Kandidaten sein mag und es sicher klug ist, nicht damit zu prahlen, dass er Elend und Niederlage im Irak ja immer schon vorausgesehen hat. „Und ich habe immer geglaubt, dass dieser Krieg ein tragischer Fehler ist. Heute trauern wir mit den Familien, die jemanden im Irak verloren haben, wir trauern um gebrochene Herzen und manches junge Leben, das nicht mehr ist." Und dann plötzlich, scheinbar unvorbereitet, ansatzlos, einer der wichtigsten und stärksten Sätze: „Amerika, es ist an der Zeit, die Soldaten heimzuholen." Auch das gibt viel Beifall, Irak ist das dominierende Thema der amerikanischen Politik in diesen Jahren, und Obamas Anziehungskraft hat viel damit zu tun, dass er als glaubwürdiger Anti-Kriegskandidat wahrgenommen wird. Obama spricht von seinem Plan, wie der Rückzug aus dem Irak funktionieren soll, doch er ist vorsichtig bei dem, was er verspricht, und hält sich hier besonders streng an die Formulierungen der allenthalben bewährten *stump speech*. Wer genau hinhört, stellt fest, dass er keinesfalls den sofortigen und vollständigen Truppenabzug verspricht, sondern den „Abzug der Kampfeinheiten" bis März

2008. Er sagt nicht ausdrücklich dazu, was er in vielen Interviews klargestellt hat, um keine Missverständnisse aufkommen zu lassen: Ein gewisses amerikanisches Truppenkontingent wird im Irak oder wenigstens in einsatzbereiter regionaler Nähe weiterhin gebraucht, vermutlich über Jahrzehnte. Doch für die Wahlkampfbühne hier und heute reicht ein einfaches Wort, das den Abzug oder doch irgendeinen Teilabzug wenigstens in Aussicht stellt. Obama ist vage, aber er ist immer noch konkreter als andere Kandidaten.

„Ich weiß, es gibt diejenigen, die glauben, dass wir das alles nicht schaffen können", sagt Barack Obama, jetzt wieder ruhiger und langsamer, es ist offensichtlich, dass er vom Konkreten nun wieder zum Allgemeinen kommen und die Rede zum Ende bringen will. „Viele sagen, dass ich einfach zu viel Hoffnung habe, dass ich unrealistisch bin in dem, was ich will. Ich verstehe diese Skepsis. Denn schließlich machen alle vier Jahre Kandidaten beider Parteien ähnliche Versprechungen, und ich erwarte, dass das in diesem Jahr nicht anders sein wird. Alle von uns, die für das Amt des Präsidenten kandidieren, reisen zur Zeit durchs Land und halten große Reden. Wir alle werden die Stärken herausstellen, von denen wir glauben, dass sie uns auf einzigartige Weise qualifizieren, dieses Land zu führen. Aber allzu oft, wenn die Wahl vorüber ist und das Konfetti weggefegt wird, vergisst man die Versprechungen, die Lobbyisten und die Interessenvertreter ziehen wieder ein, und die Leute wenden sich wieder ab, wieder enttäuscht und wieder auf sich selbst gestellt." Es ist die rhetorische Rückkehr zum Motiv des Anfangs: Ein Sich-Distanzieren von der Politik alten Stils, der Appell an den gesunden Menschenverstand, die Verwerfung der konventionellen Politik als zur Problemlösung bewiesenermaßen ungeeignet und das Versprechen, nicht nur ein neuer Kandidat zu sein, sondern einen fundamentalen Wandel mitzubringen.

Und dann kommt diese interessante kleine Wendung, mit der der dramatische Schlussspurt dieser Rede eingeleitet wird: „Und aus all diesen Gründen darf es in dieser Kampagne nicht nur um mich gehen. Es muss um uns gehen. Es muss um das gehen, was wir zusammen machen können." Es ist die bislang direkteste, eindringlichste Ansprache der Zuhörer, behutsam, aber äußerst wirkungsvoll eingesetzt, nicht so inflationär verschleudert wie in den Reden von Hillary Clinton und John Edwards, die sich mit Wendungen wie „Das kennen Sie doch auch, nicht wahr?" und „Sie wissen, wovon ich rede" ständig ohne Hemmungen ans Publikum heranschmeißen. Obama macht dasselbe, aber er macht es anders, positiv ausgedrückt: feinsinniger, negativ ausgedrückt: pathetischer. Die anderen präsentieren sich als glaubwürdige Präsidentschaftskandidaten. Obama präsentiert sich als Retter. „Diese Kampagne muss der Weg, das Vehikel für eure Hoffnungen sein, für eure Träume. Es wird nicht gehen ohne eure Zeit, ohne eure Energie und auch nicht ohne euren Rat. Ihr müsst uns wissen lassen, ob wir auf dem richtigen Weg sind. Und ihr müsst es uns wissen lassen, wenn wir es einmal nicht sind. In dieser Kampagne muss es darum gehen, die wahre Bedeutung von Staat und Bürgergesellschaft zurückzuerobern, unsere gemeinsamen Ziele wiederherzustellen, und es muss darum gehen zu begreifen, dass es nur wenige Hindernisse gibt, die die Kraft von Millionen Menschen aufhalten können, deren Stimmen den Wandel fordern." Natürlich ist Obama unterdessen längst wieder lauter und schneller geworden, natürlich ist der letzte Halbsatz im donnernden Applaus fast schon nicht mehr richtig zu hören gewesen, und Obamas Stimme hat wieder die unangenehmen Höhen erreicht. Was für ein Satz! „Bedeutung von Staat ... gemeinsame Ziele ... die Kraft von Millionen ... den Wandel fordern." Politische Rhetorik kann und darf auch anspruchsvoll und poetisch sein, manchmal muss sie es sogar, und die politische Rhetorik Amerikas steht seit je in einer meistenteils bewundernswerten, gelegentlich enervierenden Tradition von Eloquenz und Pathos. Doch die Sprache Obamas fällt aus dem Rahmen. Bill Clinton hat auch Hoffnung und Wandel direkt von der Bühnenrampe aus verkauft, und Ronald Reagan konnte so überzeugend Optimismus und Zuversicht verbreiten, dass man von der Wahlkampfveranstaltung nach Hause ging und dachte: Alles wird gut. Doch hier liegen die Dinge anders. Es ist gar nicht der Ton politischer Rhetorik, den Obama hier anschlägt, es klingt gar nicht nach Wahlkampf und Werbung. Es klingt, als gehe es hier um eine Bewegung, um ein gemeinsames Unterwegssein, in den Beiklängen manchmal religiös angehaucht, aber im Kern zutiefst säkular, aufklärerisch, revolutionär, als solle hier und heute der Sturm auf die Bastille organisiert werden oder die Befreiung von den Sklavenhaltern, als sollte die Menge, die Masse, die Bewegung auf den langen Kampf mit allen verfügbaren Mitteln eingeschworen werden. Ein Volkstribun am Vorabend des Aufstandes, ein General vor der Schlacht. So redet Barack Obama.

Aber dann kommen auf der Zielgeraden dieser Rede noch ein paar andere Akzente hinzu. Anspruch und Kampfauftrag sind umrissen, jetzt wird noch einmal versucht, Inhalte wenigstens rasch anzudeuten. Obama räuspert sich wie so oft und spricht von sozialer Gerechtigkeit, von einem Minimalstandard aus Fairness und Chancengleichheit, ohne den keine Gesellschaft auskommen kann. Und dann fällt dieser Satz: „Hinter all den Unterschieden aus Rasse und Herkunft, Glaube und Stand sind wir doch ein Volk." Der Satz fügt sich naht- und reibungslos in die Rhetorik der letzten Minuten, in die Appelle an den Gemeinsinn und in den basisdemokratischen, fast revolutionären Ton des letzten Redeabschnitts. Aber ein Wort überrascht: Rasse. Es war noch nicht gefallen. Obwohl Obama auf dem besten Weg ist, der erste schwarze Präsident zu werden, hat er seine Hautfarbe bislang nicht thematisiert, jedenfalls nicht hier in Alabama. Das Publikum ist farblich gut durchmischt, das schwarze Bürgertum Birminghams, an Anzügen, Kleidern und Goldschmuck gut zu erkennen, ist stark vertreten, die untere Mittelschicht auch, die schwarze Unterschicht dagegen fehlt wie immer, aber viele Weiße, alle Altersgruppen, aber meist obere Mittelschicht, und insgesamt viele Studenten aller Hautfarbabstufungen sind da. Es liegt so nahe, über Schwarz und Weiß zu sprechen. Es liegt fußläufig nahe, wenn man es genau nimmt, denn nur ein paar Häuserblocks entfernt, in der *16th Street Baptist Church*, die Joan Baez später besang, starben am 15. September 1963 vier Mädchen im Feuer des Hasses, das der weiße Widerstand gegen die erstarkende Emanzipation der Schwarzen entzündet hatte. Hier starben sozusagen einige der berühmtesten Märtyrer des Zeitalters von Martin Luther King, Black Power und gewaltfreiem Widerstand. Der *Birmingham Sunday* war ein *Defining Moment*, sagen die baptistischen Prediger bis heute, also Wendepunkt und Startsignal, für eine langsame, am Ende aber unaufhaltsame gesellschaftliche Kräfteverschiebung, die allmählich die politische und alltagspraktische Rassentrennung in großen Teilen, wenngleich nicht vollständig, überwunden hat.

Rassenwahn und Bürgerrechtsbewegung teilen sich Birmingham als Heimat. Es gäbe so viel dazu zu sagen, Historisches wie auch Tagesaktuelles. Gerade in dieser Woche haben hier in einer rührenden Schüleraktion Jungen und Mädchen (ausnahmslos schwarze) das *N-Word*, das man nicht aussprechen darf und das amerikanische Zeitungen nicht einmal zitieren würden, öffentlich zu Grabe getragen, fast so, als sei der Rassismus ein Problem der adäquaten Entsorgung und Endlagerung, oder so, als könne man schlimme Wörter qua Gemeinschaftsbeschluss einfach wieder abschaffen und Vorurteile und Aggressionen im Sand verbuddeln. Es vergeht kein Tag, ohne dass *race relations* hier zum Thema werden. Doch Barack Obama belässt es bei der denkbar knappsten Anspielung auf eines der heikelsten Themen seines Wahlkampfes. Andernorts hat er schon einmal mehr dazu gesagt. Ob er überhaupt die kleinen Benachteiligungen kenne, ist er einmal gefragt worden, die man als Schwarzer in den USA Tag für Tag erlebt und erleidet. „Dass ich Schwarzer bin", sagte Obama darauf schlagfertig, „merke ich schon, wenn ich versuche, in New York ein Taxi zu bekommen." Er kann auch ausführlich und sehr persönlich erzählen, von seiner Herkunft, von seiner eigenen Identitätsfindung als „Mischlingskind", von Kindheits- und Jugenderfahrungen, Milieuangst und Gruppenzwang. Er kann sich sehr wohl als Schwarzer in die Tradition der schwarzen Bürgerrechtsbewegung stellen, kämpferisch und eloquent. Aber heute tut er es nicht. Und das ist klug. Denn gerade jetzt bereisen auch die anderen Kandidaten die Südstaaten, vor allem South Carolina und Alabama, die wegen ihrer frühen Vorwahlen eine besondere Bedeutung bei der Bestimmung des Parteikandidaten spielen könnten. Und alle umschwärmen die Schwarzen, alle beschwören das Erbe von Martin Luther King und Rosa Parks, die berühmt wurde, weil sie sich weigerte, im Bus für einen Weißen aufzustehen. Alle biedern sich an und geben vor, das Banner der unterdrückten Schwarzen nach Washington tragen zu wollen. So macht das John Edwards, der Kleine-Leute-Kandidat, und so macht es Hillary Clinton, deren Mann bei den Schwarzen immer noch einen besonders guten Ruf genießt, von dem sie gern ein wenig profitieren würde. Doch Barack Obama macht es so nicht. Warum auch? Wo die anderen von Schwarz und Weiß reden müssen, peinlicherweise anmerken, dass sie „auch viele schwarze Freunde" haben und so weiter, steht Barack Obama, umringt von den Schildern „Obama for President", einfach da: Schwarz, oder doch halbschwarz, jedenfalls nicht weiß. Damit ist alles gesagt. Die Hautfarbe soll nicht Thema sein, die Überwindung der Rassentrennung darf nicht als pflichtschuldiges Wahlversprechen abgegeben werden. Rasse, das muss sich als Wort wie selbstverständlich in den Kontext einfügen, in den der Rede und in den dieser Kampagne.

Und dann kommt der formidable Endspurt dieser nicht so formidablen, aber recht guten Rede. „Wir als Nation haben schon so viel geschafft, viel mehr als das, womit wir heute zu kämpfen haben. Dies hier ist der Grund, warum ich ins Rennen gehe: Nicht, um irgendein Amt zu bekommen, sondern um mit euch zusammen diese Nation zu verwandeln. Ich will diese nächste Schlacht gewinnen, für Gerechtigkeit und Chancengleichheit. Ich will diese nächste Schlacht gewinnen, für bessere Schulen, bessere Arbeitsplätze und eine Krankenversicherung für alle. Ich will, dass wir zusammen die unerledigten Aufgaben auf dem Weg zu einer perfekteren Gesellschaft in Angriff nehmen, dass wir zusammen ein besseres Amerika aufbauen." Der Kandidat hat jetzt seine maximale Lautstärke erreicht, er spricht schnell in den lauten Beifall und zustimmende Rufe („Yeah!!" und manchmal auch „Amen!") hinein. Er hat jetzt etwas Vorlage und steht vorn, knapp links von der Mitte, am Bühnenrand, von nervösen Bodyguards aufmerksam beobachtet, von hunderten umjubelt. Die Hand hat er wieder am langen Arm ausgestreckt. „Macht mit bei meinem waghalsigen Versuch. Wenn ihr spürt, was ich spüre, dass es jetzt an der Zeit ist, unsere Angst abzuschütteln und das zu tun, was wir vorangegangenen und künftigen Generationen schuldig sind, dann bin auch ich bereit, mich dieser Sache ganz zu verschreiben und mit euch zu marschieren und mit euch zu arbeiten. Lasst uns diese Arbeit gemeinsam tun, und lasst uns den Weg bereiten für eine neue Geburt der Freiheit auf dieser Erde." Beifall, sehr viel Beifall.

Dass im letzten Satz aus maßvoller politischer Rhetorik ein maßlos überhöhter Anspruch geworden ist, hat auf die Schnelle niemand so recht gemerkt, es spielt auch keine Rolle in diesem

Augenblick, in dem Barack Obama einige Male „Thank you!"
sagt und dann das Mikrofon aus der Hand gibt, um vorn am
Bühnenrand doppelhändig Hände schütteln zu können, während immer noch gejubelt und geklatscht wird. Zeitgleich setzt
wieder die Musik ein, von der man immer noch nicht genau
sagen kann, was es eigentlich ist, aber jetzt ist sie noch stö-
render und penetranter, denn sie schließt sich sinnlos lärmend
so unmittelbar an den feierlichen und euphorischen Schlussteil
der Rede an, der noch einmal Wahlkampf als Wagnis und Politik
als Aufbruch zelebriert hat. Doch diese Stimmung ist im Nu wie
weggewischt. Jetzt ist Rummel und Starkult, Autogrammjagd
und Handy-Knipserei angesagt. Barack Obama macht das mit
der Geduld und Leidensfähigkeit, die zum Rüstzeug eines jeden
Vollblutpolitikers gehören, er lässt sich auch immer wieder an-
sprechen, antwortet aber, egal was gesagt wurde (und weil er es
im Rummel wahrscheinlich ohnehin nicht verstanden hat), immer mit „Thank you!" und einem sehr freundlichen Kopfnicken,
während er noch Autogramme schreibt, Bücher signiert, Hände
schüttelt. Doch nach ein paar Minuten geht auch das zu Ende,
und der Kandidat entzieht sich nun nach links hin endgültig
den Blicken und der Menschentraube, die ihm am Bühnenrand
gefolgt ist. Hinten im Saal verschwinden jetzt auch in großer
Eile die zwei Männer mit den vielen Ausweisen vor der Brust,
die immerzu wichtig aussehen, die Telefone wie Waffen an den
Gürteln tragen und auch jetzt wieder leise, aber leicht hektisch
miteinander flüchten. In ihren Gesichtern sieht man Zufrieden-
heit, aber auch Anspannung. Das mag daran liegen, dass sie
gedanklich bestimmt längst beim nächsten Termin sind.

Die Zurückgebliebenen sind jetzt mit ihren Eindrücken beschäftigt, vor allem auch mit der Qualitätsprüfung ihrer digitalen
Schnappschüsse, die später, wenn Obama einmal Präsident ist,
wertvoll sein sollen, oder doch jedenfalls gut genug, um die

Nachbarn zu beeindrucken, wenn sie die Fotos auf dem Kamin-sims entdecken. Andere reden miteinander über das Erlebte, wieder andere stehen ganz beseelt da und schauen ihrem neuen Idol immer noch leicht berauscht hinterher. Das gilt etwa für Gordana Unici. Die 26-Jährige war schon lange vor dem heutigen Tag entschlossen, Obama im Wahlkampf zu unterstützen. Jetzt ist aus der Anhängerin ein Fan geworden. „Er ist so unheimlich echt und authentisch, und er steht mit beiden Beinen auf dem Boden. Das sind für einen Politiker tolle und seltene Qualitäten", sagt sie, und es ist offensichtlich, dass ihre Begeisterung in diesem Moment keine Grenze mehr kennt, „er ist ein erstaunlicher Mann, einfach ein erstaunlicher Mann". Derlei Euphorie ist, im Idealfall, der übliche Effekt, den eine erfolgreiche Wahlkampfveranstaltung haben soll. Doch hier kommt noch etwas anderes hinzu. Obama hat Menschen wie Gordana Unici nicht nur für sich gewonnen, er hat ihnen das Gefühl gegeben, dass es auf sie entscheidend ankommt: „Ich glaube, alle, die heute hier waren, haben jetzt erst richtig verstanden, dass es auf unsere Kraft ankommt, dass wir uns jetzt aufrappeln müssen. Und auch wenn die Dinge nicht gut aussehen, kann es doch besser werden, wenn wir wirklich alle mithelfen." Könnte Obama sie jetzt hören, er wäre hochzufrieden, sowohl mit ihr als auch mit sich selbst. Denn er hat ja diese gedanklichen Sprünge von passivem Politkonsum zum eigenen Aktivismus erst möglich gemacht, diesen Enthusiasmus, der Gordana Unici und vielen anderen jetzt ins Gesicht geschrieben steht, den sie mitnehmen, weitergeben und multiplizieren werden. Programmatisch erinnert sich die junge Frau erwartungsgemäß an nichts, was in der Rede angesprochen wurde. Aber hängen geblieben ist der Auftrag, selbst aktiv zu werden, und das Gefühl, dass hier ein ganz neuer Politikertypus die Bühne betreten hat, der wirklich anders ist und eine wirklich andere Politik in Aussicht stellt: „Hier in Alabama sind ja längst noch nicht alle überzeugt, dass Obama der Richtige ist. Aber ich sage allen: Er ist der Einzige, mit dem es ganz anders, radikal anders wird. Er kämpft, und zwar nicht für die Interessen von irgendwelchen einflussreichen Gruppen, und auch nicht für sich selbst und seine Ziele. Er kämpft für uns, das Volk. Mit ihm kann eine ganz neue Zeit anbrechen. Er wird Amerika wieder aufrichten." Nicht wesentlich anders klingt es bei Reita Woolf, einer schwarzen Rentnerin, die mit der Autobiographie von Obama gekommen ist und nun stolz ihr signiertes Exemplar herumzeigt: „Ich mag ihn sehr. Er ist der beste der Kandidaten in diesem Jahr. Ich bin beeindruckt von seiner Ehrlichkeit, seinem Mitgefühl, seinen Ideen. Ich will, dass der gesunde Menschenverstand wieder ins Weiße Haus einzieht. Und was ich am besten finde, ist Obamas Idee, dass wir wieder alle eine Gemeinschaft werden müssen, und nicht ein Land aus lauter verschiedenen und konkurrierenden Gruppen."

Ob die Obama-Kandidatur damit richtig charakterisiert ist und die Erwartungen an ihn, die er gleichwohl selbst geweckt hat, überhaupt noch ein realistisches Maß haben, das steht auf einem anderen Blatt. Aber was an dieser euphorischen Lobrede zweier mehr oder weniger durchschnittlichen Besucherinnen der Wahlkampfveranstaltung auffällt, ist dies: Bei allem, was sie nun schon über Barack Obama gesagt haben, haben sie nicht einmal erwähnt, dass er ein Schwarzer ist. Sie werden es bis zum Ende des Gesprächs nicht sagen, es kommt ihnen gar nicht in den Sinn. Neben allem anderen ist auch das ein nicht zu unterschätzender Erfolg dieser Kampagne und dieses Auftritts: Was vorher noch das große Thema zu sein schien – ausgesprochen, oder nur angedeutet, verklemmt erwähnt oder trotzig geleugnet: Ist Amerika reif für einen schwarzen Präsidenten? Ist dieser Schwarze wählbar? –, das spielt für die, die ihn kennengelernt haben, jetzt keine Rolle mehr. Wer heute hier war, beurteilt Obama nicht mehr nach seiner Hautfarbe, er sieht in ihm einfach einen überzeugenden Kandidaten, oder eben den „erstaunlichen Mann". So haben sich die Wahlkampfstrategen das ausgedacht. Ungefähr so könnte es für Obama laufen.

Der Umschwärmte ist unterdessen längst fort. Er macht heute das normale Doppelprogramm einer solchen Stippvisite, die sich für eine Rede allein gar nicht lohnen würde: Zur „Rally", also zum Massenauftritt mit 25 Minuten *stump speech*, kommt noch der *fundraiser*, also eine Veranstaltung zum Zwecke des Spendeneintreibens. Auch das machen alle Kandidaten so, es bleibt ihnen gar nichts anderes übrig. Der Wahlkampf ist teurer denn je, aber auch länger als sonst und dadurch noch teurer. Dass auch das Geld über die Wahl entscheidet, bestreitet in den USA niemand, und es sieht auch niemand etwas Anstößiges darin. Wenn der Kandidat nicht in der Lage ist, in ausreichender Solvenz und Zahl die Finanziers für seinen Wahlkampf zu gewinnen, dann ist er eben ein schwacher Kandidat. So sieht man das. Obama muss sich solche Sorgen allerdings kaum machen, er hat sich längst als glänzender Spendeneintreiber erwiesen, dem ungewöhnlich viele Amerikaner ungewöhnlich viel Geld anvertrauen.
Auch in Huntsville, unweit von Birmingham, sammelt Obama heute gutes Geld ein. 100 Gäste haben sich ein „Mittagessen" unter Ausschluss der Öffentlichkeit mit Barack Obama erkauft: 1000 Dollar kostet das Gedeck. Freiwillig kann man auch noch etwas mehr zahlen, das wird durchaus erwartet, aber 2300 Dollar pro Person ist in dieser Wahlkampfphase die gesetzliche Obergrenze, damit nicht einzelne Sponsoren mit ihren Millionen schon die Vorwahl zu stark beeinflussen. Es gibt Rinderfilet und Schmorgemüse. Außerdem schüttelt Barack Obama hier jedem Einzelnen die Hand, und jeder bekommt einen „persönlichen Augenblick" mit ihm, meistens, um ein Erinnerungsfoto zu machen. Das ist lästig, das ist anstrengend, aber es muss sein. Denn allein mit dem Appell, für seinen Wahlkampf zu spenden,

kommt nicht genug Geld rein, und die schlabbrigen „Obama for President"-T-Shirts kann man nun wirklich nicht für mehr als zehn Dollar verkaufen. Man muss an diejenigen herankommen, die bereit sind, mehr zu geben, die es aus Überzeugung, aber auch ein bisschen aus Eitelkeit tun, und auf die man später im Wahlkampf noch einmal zurückgreifen kann, wenn sie heute mit einem guten Eindruck nach Hause gehen. Deshalb nimmt sich Obama bei weitem mehr Zeit für die 100 Gäste in Huntsville als für die 2000 in Birmingham. Was er ihnen sagt, ist vertraulich – keine Kameras, keine Presse – aber es ist kein Geheimnis: Er hält die *stump speech* in leichter Variation, und er bittet um jede Art von Unterstützung, er bittet um Geld, und er weist darauf hin, dass seine Konkurrenten finanziell besser ausgestattet seien als er (was so nicht stimmt, aber es gilt die Devise: Ein guter Wahlkämpfer stöhnt immer!). Von Nuancen abgesehen, ist es dasselbe rhetorische Programm, etwas ruhiger im Ton, das bringt das Ambiente an den gepflegten Rundtischen im Heritage Club von Huntsville so mit sich. Nach 70 Minuten ist auch hier alles vorbei. Beifall, Winken, raus. Auch hier ist die Bilanz der politischen Missionsarbeit, soweit messbar, überaus positiv. „Wir brauchen frischen Wind in diesem Land, so etwas wie eine Verjüngungskur für unsere ganze Politik", sagt John Richardson, ein 40 Jahre alter Marketing-Experte, der auf Kosten seines Arbeitgebers an dem intimen Lunch teilnehmen durfte, „und Obama hat etwas, das klingt ganz neu und anders in den Ohren. Ich war am Ende seiner Rede wie elektrisiert, und ich bin eigentlich eher ein skeptischer Typ." Und Chanda Crutcher, 33, sagt: „Obama verkörpert mit seiner ganzen Lebensgeschichte den amerikanischen Traum. Er ist ein Kandidat, mit dem sich jeder Amerikaner identifizieren kann." Überbewerten darf man solche Kommentare nicht. Chanda Crutcher war schon begeisterte Anhängerin von Barack Obama, bevor das Rinderfilet serviert wurde. Und am Ausgang ähnlicher Veranstaltungen von anderen Kandidaten würde man jetzt ganz ähnliche Kommentare hören können. Die meisten sind bei solchen Gelegenheiten weniger von Person oder Sache, sondern einfach von dem Umstand wahnsinnig begeistert, dass sie einem so berühmten Menschen nun einmal so nahe waren. Barack Obama ist seit Jahren ein Politstar in den USA. Er hat in kurzer Zeit eine beachtliche Prominenz gewonnen, bekommt Buchhonorare in Millionenhöhe und könnte demnächst auch, statt fürs Weiße Haus zu kandidieren, seinen ersten selbst gesungenen Song einspielen. Alles, wo seine Name draufsteht, wird gekauft. Er hat, wie man hier sagt, *starpower*.

Auf dem Weg zum Auto, einem schwarzen Sports Utility Vehicle oder, wie man in den USA sagt: SUV (sprich: Ess-Juu-Wie), den man hinterm Haus in einer Einfahrt geparkt hat, nicht nur aus Diskretions-, sondern auch aus Sicherheitsgründen und nicht zuletzt des peinlichen Umstandes wegen, dass diese Autos bei Linken und Umweltschützern völlig zu Recht als schlimme Spritfresser verpönt sind, kommt es zu den einzigen Begegnungen dieses Tages, die das Wahlkampfteam nicht minutiös geplant hat. Die Planung haben stattdessen Leute wie Shirley Jordan und Anita Garner übernommen. Die beiden sehr munteren Damen um die 50, beide schwarz, die eine Friseuse und die andere ihre langjährige Stammkundin, als solche aber auch längst eine Freundin, haben es irgendwie spitzgekriegt, dass der berühmte Mann heute hier vorbeikommt, genau hier, vorbei an der Terrasse des Humphrey-Restaurants in Huntsville. Und deshalb haben sie sich hier frühzeitig den guten Ecktisch mit drei Stühlen gesichert, Würstchen und Eistee bestellt, und nun warten sie auf Barack Obama. Anita Garner hat sich das sehr pfiffig ausgedacht und ein Schild mitgebracht, das sie auf der Rückenlehne des dritten Stuhls festklebt, zur Straße hin gut sichtbar: „Reserviert für den künftigen Präsidenten der Vereinigten Staaten." Dabei macht sie gar keinen Hehl daraus, dass sie seiner Berühmtheit wegen gekommen ist, „weil jetzt so viel von ihm die Rede ist", und nicht etwa, weil sie ein besonders großer Fan von ihm wäre: „Ob ich ihn wähle, das weiß ich noch nicht." Und dann kommt er, sieht im Vorbeigehen das Schild, signalisiert seinen Begleitern, dass er da doch mal kurz halten will, und dann tut er den beiden Ladies den Gefallen und setzt sich grinsend auf den reservierten Stuhl: „Das gefällt mir!", sagt er dazu, und alle drei lachen. Dann werden Fotos gemacht, Obama sagt, wie gemütlich es doch auf der Terrasse sei und wie gut die Würstchen aussehen, dann geht er weiter. Für die Wahl hat Obama eine Stimme dazugewonnen: „Doch, doch, ich habe es mir überlegt, ich wähle ihn ganz bestimmt. Er war so nett", sagt Anita Garner. Auch so ist Wahlkampf.

Und dann gibt es da noch am Eingang vom Heritage Club die beiden Männer mit dem Transparent, das auch Obama für einen Augenblick Rätsel aufgibt: „Anybody but Hillary" steht dort: Egal wer, nur nicht Hillary. Und auch wenn es sich ohne Zweifel um Obama-Fans handelt, signalisieren sie ihre Unterstützung in einer Weise, die zwar witzig, aber so doch nicht wünschenswert ist. Barack Obama nimmt das locker. „Hey, das ist aber ein zweifelhaftes Kompliment", sagt er im Vorbeigehen. Andererseits: Sprechen die beiden Fans nicht einfach nur aus, was viele denken? Ist es nicht wahr, dass viele in der Partei, ja im Land, eine Alternative suchen zu der fast unvermeidlich-unbesiegbar scheinenden Hillary Clinton? Ist es wirklich ein so schlechter Grund, Barack Obama zu wählen, dass man IIillary Clinton eben nicht will? In dem flotten Spruch auf dem Transparent steckt viel drin. Clinton und Obama gelten als die Favoriten, sowohl für die Kandidatur als auch für die Wahl. Beide Prognosen greifen den Dingen weit voraus, denn in der Politik können Karrieren innerhalb von Tagen zerstört werden. Anfang Januar 2004 hatte niemand in Washington Zweifel, dass Howard Dean, ein kampfeslustiger linker Ex-Gouverneur und Mediziner aus Vermont, die Kandidatur der Demokratischen Partei erringen würde. Das schien, an Umfragen und Wahlkampfspenden gemessen, so ausgemacht. Innerhalb von einer Woche nach den Iowa Caucuses brach seine Kandidatur praktisch in sich zusammen, in einer Mischung aus eigenen Fehlern, unerwartet schwachen Ergebnissen und einer gehässigen Medienkampagne, in der Journalisten und parteiinterne Widersacher gemeinsame Sache machten, um den ungeliebten Favoriten zu Fall zu bringen. So kann es auch anderen gehen.

Doch das ändert nichts daran, dass vorläufig Hillary Clinton der Kandidatur und vielleicht auch der Präsidentschaft am nächsten ist, gefolgt von Barack Obama auf Platz zwei, mit gut zehn Punkten Abstand in allen relevanten Umfragen. Anders gesagt: Neben allen anderen Problemen, die Barack Obama meistern muss, von der Organisation seines Wahlkampfes über strategische Positionierungen und Programmentscheidungen bis hin zur täglichen Überzeugungsarbeit, mit der Wähler und Wahlkampfspender gewonnen werden, steht er auch vor der simplen Frage, wie er an Hillary Clinton vorbeikommt. Leicht wird das nicht, und die beiden Kandidaten und mehr noch ihre Wahlkampfteams begreifen sich längst wechselseitig als Konkurrenten erster Klasse und tauschen allerhand Unfreundlichkeiten aus. Noch kann sich Hillary Clinton auf ihrem Vorsprung ausruhen, zumal Obamas Umfragewerte, sehr gut, aber nicht überragend, sehr unbeweglich sind, doch in ihrem Team hat man nervös zur Kenntnis genommen, dass er von jedem Auftritt mit reichlich frischem Geld heimkommt und ein euphorisches Publikum zurücklässt. Ganz so ist es bei Hillary Clinton nicht. Ihre Anhänger unterstützen sie, aber sie lieben sie nicht. Sie verkauft Politik und keine Emotionen, sie verspricht Evolution statt Revolution, sie gibt sich extrem seriös und setzt auf Erfahrung und Sachkenntnis. Damit kann sie es schaffen. Aber 38 Prozent sagen, sie können Hillary Clinton nicht leiden, und von denen, die das sagen, sagen 20 Prozent zur Begründung: „Weil sie unehrlich ist", 11 Prozent: „Weil sie zu sehr eine typische Politikerin ist" und 12 Prozent: „Weil sie nicht meine Werte teilt." Solche Zahlen sagen nicht viel, und sie ändern sich jeden Tag. Aber so viel sagen sie doch: Unschlagbar ist Hillary Clinton nicht.

Barack Obama ist auf dem Weg zum letzten Haltepunkt des Tages. Vor dem Heritage Club warten die Reporter auf ihre täglichen fünf Minuten Zuwendung und Information. Obama schüttelt noch die Hand von Richard French, einem Rentner, der aus Neugierde gekommen ist, wie er sagt, und Obama „ganz nett" findet, allerdings niemals im Leben für einen Demokraten stimmen würde, was er dem leicht zerknirscht wirkenden Kandidaten auch gleich in freundlicher Offenheit sagt: „Selbst wenn mein Vater, Frieden seiner Seele, für die Demokraten antreten würde, würde ich ihn nicht wählen", sagt er gutgelaunt. Obama wendet sich ab, weil er weiß, dass das hier Zeitverschwendung ist. Er kann nicht ganz Amerika von sich überzeugen, er wird eingefleischte Republikaner und verkappte Rassisten niemals für sich gewinnen. Aber das ist egal. Es geht um die Mehrheit der Wähler, was bei gut 50 Prozent Wahlbeteiligung nicht viel mehr als ein Viertel der erwachsenen Gesamtbevölkerung ist.

Nun also die Journalisten. „Wir hatten heute einen sehr erfolgreichen Tag ..." Dann Fragen. Irak? Nichts Neues. Es bleibt bei den bekannten Positionen. Die Termine für morgen? Es ist ein routinierter schneller Austausch von Informationen, alle Beteiligten sind Profis. Wenn Obama etwas zu sagen hat, etwa weil er Hillary Clinton angreifen will oder weil er seine Position zu Irak verändert hat, dann wird er das tun. Doch so etwas passiert nicht jeden Tag. Frühsommer 2007. Es liegt schon viel Wahlkampf hinter ihm, seit er sich im Spätherbst des Vorjahres zur Kandidatur entschieden hat und seit er im Januar 2007 offiziell angetreten ist. Aber es liegt noch mehr Wahlkampf vor ihm. Tage, Wochen, Monate, Jahre. Gewählt wird erst im November 2008. Und es gibt politische Strategen in Washington, die rechnen vor, warum es für Obama vielleicht erst vier oder acht Jahre später mit dem endgültigen Durchbruch klappen wird.

Obama verschwindet nun endgültig, Alabama ist für heute abgehakt. Morgen Iowa, übermorgen Nevada. Der schwarze SUV ist schon auf dem Weg zum Flughafen von Birmingham. Am Abend feiern die lokalen Fernsehnachrichten seinen Auftritt, als wäre er schon als *Mr. President* eingeflogen. Auch die Presse am nächsten Tag ist sehr freundlich: „Obama elektrisiert die Massen mit seiner Botschaft", titelt eine Redakteurin, die ihre eigene Begeisterung nicht verbergen kann. Mehr konnte der Kandidat nicht erreichen.

Barack Obama hat noch viele solcher Auftritte vor sich, hunderte, tausende. Er steht nicht mehr ganz am Anfang. Auf dem langen Weg nach oben hat er zwar noch viel vor sich, aber er hat auch ein beachtliches Stück erfolgreich zurückgelegt. Und er hat, was das Wichtigste sein mag, bislang keine gravierenden Fehler gemacht. Das Ziel behält er fest im Blick. Er will, so oder so, früher oder später, der erste schwarze Präsident in der amerikanischen Geschichte werden. Seine Chancen stehen gut.

2   Wurzeln und Visionen

Wer ist Barack Obama? Solche allgemeinen, aber im Anspruch maßlosen Fragen werden zu gegebener Zeit auch schon mal in Deutschland gestellt: Wer ist Gerhard Schröder? Wer ist Angela Merkel? Sie artikulieren das Interesse des aufgeklärten Bürgers an denen, die sich zur politischen Führung anbieten und aufdrängen, und sie zielen von vornherein auf mehr und anderes als die politische Person im engeren Sinne. Dennoch sind diese Fragen in den USA noch einmal grundsätzlich anders gemeint als in Westeuropa. In Deutschland etwa darf man anständigerweise Alter und Familienstand des Kandidaten wissen wollen, sicher auch, welchen beruflichen Weg er oder sie hinter sich hat, welche Erfahrungen jemand mitbringt, was über den Umgang mit Mitarbeitern, Freunden und Gegnern bekannt ist und dergleichen mehr. Doch im politischen Diskurs akzeptabel ist dabei nur dasjenige Interesse, das sich mit der vermeintlichen Relevanz für die Wahlentscheidung einigermaßen plausibel begründen lässt, wiewohl diese Relevanz wiederum willkürlich definiert ist durch Tradition, Anstandsempfinden und ein ungeschriebenes *gentlemen's agreement* zwischen Journalisten und Politikern. Anders gesagt: Über eine mögliche Erkrankung von Helmut Kohl zu spekulieren, ist genauso tabu wie die Frage, ob Gerhard Schröder sich die Haare färbt, oder die Frage, ob Angela Merkel eigentlich freiwillig oder unfreiwillig kinderlos geblieben ist. Natürlich wüsste man das alles gern, weil die Politiker mit ihrer ununterbrochenen medialen Präsenz ja zu scheinbar vertrauten Wegbegleitern im eigenen Leben werden, über die man sich manche Gedanken macht. Aber nach deutschen Sitten ist dies kein Interesse, sondern reine Neugierde, wenn nicht gar Tratschsucht oder, das vernichtendste Urteil: Boulevard! Die Fragen sind im deutschen Verständnis zudem politisch irrelevant und verletzen die Grenze, die auch Politiker in ihrer Privatsphäre berechtigterweise geschützt wissen wollen, vorbehaltlich der Ausnahmefälle, in denen Politiker ihre Scheidungsdramen und neuen Amouren (vgl. Waigel, Schröder, Scharping, Fischer, Seehofer) selbst zum öffentlichen Thema machen. Dann darf man. Andernfalls gelten Schweigepflicht und Frageverbot.

In den USA ist das anders. Relevant ist alles. Sexuelle Handlungen des Präsidenten im Oval Office, frühere Affären und Ehekrisen (Bill Clinton), jugendliche Trunkenheitsfahrten, Partyexzesse und Firmenpleiten (George W. Bush), Medikamentenmissbrauch und sexuelle Belästigung (Schwarzenegger), ernste Erkrankungen aller Art (Dick Cheney, John Kerry, John McCain, Rudy Giuliani), Scheidungsdramen (Giuliani, McCain), homosexuelle Familienmitglieder (Cheney), tragische Todesfälle in der Familie (Al Gore, John Edwards), die privaten Vermögensverhältnisse (immer und bei allen ein Thema), suspekte Religionen und Konfessionen (Michael Bloomberg, Mitt Romney), tatsächlicher oder vermuteter Atheismus (Hillary Clinton, McCain, Giuliani) sowie sämtliche Vorfälle und Episoden aus Ehe, Familie und Freundeskreis sind erst einmal per se relevant und interessant, und natürlich darf man, muss man danach fragen, denn der mündige Wähler – so die amerikanische Logik – interessiert sich selbstverständlich für den ganzen Menschen. Das fängt bei seiner Gesundheit an und hört bei seinem Nachtgebet nicht auf. Man darf auch wissen wollen und ihn ins Gesicht fragen, was John Edwards als Präsident im Zweifelsfall wichtiger wäre: die Arbeit im Oval Office oder die Betreuung seiner schwer krebskranken Frau in ihren letzten Tagen? Man darf auch Hillary Clinton fragen, was sie damals gedacht und empfunden hat, als sie verstand, dass ihr Mann sie belogen und betrogen und also doch Sex mit der Praktikantin Monica Lewinsky gehabt hatte. Wer Präsident werden will, gibt sich ganz.

Wer ist Barack Obama? Die Frage ist vor diesem Hintergrund

also noch weiter gefasst. Wie er seine Kindheit zubrachte, wie er zu sich selbst und zu Gott fand, gehört genauso dazu wie das Verhältnis zu seinem verstorbenen Vater, das Kennenlernen seiner Frau und sein Kampf gegen die Nikotinsucht. *Scrutiny* nennen Amerikaner das, und das Wort ist mit Durchleuchtung viel zu schwach übersetzt. Kontrollieren, durchsuchen, durchstochern, auswringen und durch die Mangel drehen, jeden Baustein der Biographie zweimal umdrehen, Spuren suchen in den entlegenen Winkeln eines längst vergangenen Vorlebens, eine Leibesvisite, die auch vor dem Intimsten nicht Halt macht – etwa so müsste man, wenn es nicht so umständlich wäre, das Wort übersetzen. Es ist die normale Prozedur für amerikanische Präsidentschaftskandidaten im Medienzeitalter.

Barack Obama wurde am 4. August 1961 geboren, und seither ist sein Leben ein Leben der Besonderheiten, des Ungewöhnlichen und des Auffälligen, ein Leben des Anders-Seins und Dazugehörenwollens, des Benachteiligtwerdens, aber auch der Privilegien und elitären Chancen. Seine Herkunft unterscheidet sich nicht nur deutlich von der praktisch aller anderen relevanten amerikanischen Politiker, sie ist vielmehr grotesk anders als die Aufstiegserfahrungen von Männern wie Bill Clinton und John Edwards oder die *Upper-Class*-Herkunft von Politikern wie George W. Bush und Al Gore. Barack Obama kommt weder von unten noch von oben, er kommt von weither.

Obamas Vater, Barack Obama Sr., war gebürtiger Kenianer vom Stamme der Luo. Sein Vater, also der Großvater des Präsidentschaftskandidaten, hieß Hussein Onyango Obama und war in dem Dorf Alego, unweit vom Viktoria-See, ein Bauer von lokaler Prominenz, der zu Zeiten als Stammesältester wichtige soziale und politische Funktionen inne hatte, aber auch als Medizinmann mit zugesprochenen Heilkräften überirdischer Art zum Einsatz kam. Barack Obama Sr. hütete für den Vater die Ziegen, wurde aber auch zu einer ambitionierten Dorfschule geschickt, die die britische Kolonialverwaltung eingerichtet hatte und immer noch unterhielt. Dort wurden die Lehrer schnell auf die außergewöhnliche Begabung des Jungen aufmerksam und halfen ihm, ein Stipendium für eine höhere Schule in der Hauptstadt Nairobi zu gewinnen. Klassenprimus auch dort, wurde Barack Obama Sr. von Lehrern und amerikanischen Sponsoren für ein Studium an einer amerikanischen Universität ausgewählt. 1959, im Alter von 23 Jahren, kam er in Hawaii an, als erster afrikanischer Gaststudent der Universität von Hawaii in Manoa. Nach drei Jahren beendete er das Studium der Wirtschaftswissenschaften als Jahrgangsbester. In einem Russischkurs stieß er auf ein 18 Jahre altes Mädchen, „ein ungeschicktes, schüchternes Ding", wie Barack Obama später – wohl im Rückgriff auf Familienerzählungen – über seine Mutter sagte. Die beiden Studenten verliebten sich ineinander, überzeugten die skeptischen Eltern des weißen Mädchens aus Kansas, die Einwilligung für die damals äußerst seltene „Mischehe" eines Schwarzen mit einer Weißen zu geben – 1960 noch in weiten Teilen der USA verboten und in mehr als der Hälfte der 50 Bundesstaaten ein regelrechter Straftatbestand. Aus dieser Ehe ging bald der Sohn hervor, der im Zentralkrankenhaus von Honolulu zur Welt kam und den Namen des Vaters erbte, mit dem Vornamen des Großvaters als zweitem Vornamen: Barack Hussein Obama.

Der Vater zog wenig später weiter, mit einem neuen Stipendium, aber ohne Frau und Kind. Er machte in Harvard seinen Doktor, kehrte dann nach Kenia zurück, arbeitete dort als Ökonom und kam 1992 bei einem Autounfall ums Leben. Barack Obama Jr. war zu diesem Zeitpunkt 30 Jahre alt. Seine Mutter, die nach der gescheiterten Ehe mit Barack Obamas Vater noch einmal geheiratet hatte, starb drei Jahre später, im Sommer 1995. Mit 33 Jahren war Barack Obama, der seinen Vater kaum gekannt hatte und als Kind mit seinen Großeltern mütterlicherseits bei weitem mehr Zeit verbracht hatte als mit seiner Mutter, Vollwaise.

So wie die meisten erfolgreichen Männer redet Barack Obama oft und gern von seinem Vater, während er – für selbstbewusste, starke Männer ebenso typisch – über seine Mutter wenig zu sagen weiß, was über Liebeserklärungen, Dankbarkeit und zärtliche Nostalgie hinausgehen würde. Es ist glaubwürdig und nachvollziehbar, wenn Barack Obama berichtet, dass er Jahre seines Lebens damit zugebracht hat, über den Vater nachzudenken, ihn sich vorzustellen, zu erahnen, was für ein Mensch das war. Für diese Faszination gibt es viele Gründe: die praktisch vollständige Abwesenheit des Vaters in Kindheit und Jugend von Barack Obama, seine Herkunft aus einem fernen, fremden Land und die kulturgeschichtliche Ungleichzeitigkeit zwischen den USA in der zweiten Hälfte des 20. Jahrhunderts und dem archaisch anmutenden, wenngleich auch mythologisch imaginierten Dorf- und Stammesleben in Kenia, das der Vater noch selbst kennengelernt hatte.

Barack Obama berichtet, dass er in den frühen Jahren nur die Familienlegenden über seinen leiblichen Vater kannte, die vor allem darin bestanden, ihn als selbstbewussten, humorvollen, intelligenten und charmanten Mann darzustellen, der sich auch von schimpfenden Rassisten nie aus der Ruhe bringen ließ, sondern selbst die noch mit seiner gewinnenden Art für sich einnahm. Dass sich damit vor allem der pädagogische Hintersinn verband, dem Jungen die schwarzafrikanische Herkunft keinesfalls als Makel erscheinen zu lassen, verstand Barack Obama erst viele Jahre später. So wie er erst später verstand, warum seine Mutter immer schwärmte: „Harry Belafonte ist der bestaussehende Mann der Welt." Dunkle Haut zu haben, ein Schwarzer zu sein, ein Neger oder ein Farbiger (damals noch gängige und nicht notwendig als rassistisch empfundene Begriffe), anders zu sein als die meisten anderen – all das sollte dem kindlichen und jugendlichen Barack Obama natürlich, schön und vielversprechend vorkommen. Die Wahrheit würde er noch früh genug erfahren.

Zu seinem Vater hatte er selten Briefkontakt, und bewusst gesehen hat er ihn nur einmal. Als er zehn Jahre alt war, kam der Vater zu Besuch nach Hawaii. Er brachte dem Jungen geschnitzte Figuren mit, einen Löwen und einen Elefanten, außerdem Schallplattenaufnahmen von Stammesmusik, zu der der Vater trotz einer Gehbehinderung eigenwillig tanzte. Zu sagen hatten sich beide nicht viel. „Selbst wenn ich neben ihm saß, blieb er undurchsichtig für mich, er war nicht wie ein Mensch, sondern wie die Präsenz einer Masse neben mir", schrieb Obama später, „aber ich habe mich an seine Gegenwart gewöhnt. Doch die Worte, die er damals sprach, sind unauffindbar verloren." Es blieb bis zum Tod des Vaters die einzige Begegnung zwischen den beiden, an die sich Barack Obama erinnern kann. Nur in einem vielsagenden Traum sah er seinen Vater noch einmal wieder: „Ich stand vor seiner Zelle, öffnete das Vorhängeschloss und legte es vorsichtig auf die Fensterbank. Mein Vater stand vor mir, unbekleidet, nur mit einem gewickelten Tuch um die Hüften: Er war sehr dünn, mit seinem großen Kopf und seiner schlanken Statur, Arme und Brust unbehaart. Er sah blass aus, seine schwarzen Augen leuchteten aus dem aschgrauen Gesicht hervor, aber er lächelte und bedeutete dem großen, stummen Wächter, bitte zurückzustehen. ‚Schau nur, wie du aussiehst!', sagte er, ‚so groß und so dünn, sogar mit grauen Haaren.' Und ich merkte, dass es stimmte, und ich ging auf ihn zu und umarmte ihn. Ich begann zu weinen, und ich schämte mich, aber ich konnte nicht aufhören. ‚Barack', sagte er, ‚ich wollte dir immer sagen, wie sehr ich dich liebe.'"

Man muss kein Psychologe sein, um in diesem Traum die Sehnsucht des Kindes nach dem Vater zu erkennen, den Wunsch, vom Vater angenommen und geliebt zu werden und sich ihm ganz anzuvertrauen. Unverkennbar spricht hier der Mann, der nie verstanden hat, warum sein Vater ihn und seine Mutter im Stich gelassen hat, und unverkennbar erscheint im Traum der halbnackte Vater in der Zelle als eine Art Jesus, eine Erlösungsfigur. Es ist sicher kein Zufall, dass Barack Obama heute, als Politiker, Machtmensch und Wahlkämpfer genau diese Erlösungsphantasien zu provozieren weiß und auf sich zieht wie kein anderer Politiker. Er hat selbst seine ganze Kindheit hindurch auf den Erlöser gewartet.

Nimmt man zum Maßstab, was Barack Obama selbst an Auskünften vorgelegt hat, gibt es über seine Mutter weitaus weniger zu sagen. Ann Dunham wurde in Wichita im Bundesstaat Kansas geboren, was in amerikanischen Filmen und Büchern bis heute oft herhalten muss als der Inbegriff von Hinterland und Provinz, Prärie-Amerika und trostloser Einöde. Auf deutsche Verhältnisse lässt sich ein solcher Ortsname schon deshalb nicht übertragen, weil die geographischen Verhältnisse ganz andere sind. Gemessen an Wichita, Kansas, ist Cottbus zentral gelegen. Wichita dagegen kommt dem nahe, was in der amerikanischen Redensart *in the middle of nowhere* steckt: am Ende der Welt, dort, wo freiwillig niemand hin will. Ann Dunhams Eltern waren einfache Leute, Teil der unteren Mittelschicht in Wichita, eher auf der liberalen als auf der konservativen Seite, religiös indifferent, nur mäßig ambitioniert, aber aufgeschlossen. Das Verhältnis der Rassen zueinander wurde in einer weißen Familie der Zeit nicht als Problem erlebt, schon weil die alltägliche Rassentrennung wenige Begegnungen zuließ. Ann Dunham allerdings wurde schon als Kind auffällig durch eine besondere Neugierde für die andere Hautfarbe. Als sie eines Tages im Garten mit einem schwarzen Mädchen spielte, riefen die Nachbarjungs „Nigger Lover! Nigger Lover!" und warfen Steine. Für den Ausgangspunkt einer Liebe zwischen Schwarz und Weiß war Wichita, Kansas, in den fünfziger Jahren ein unwahrscheinlicher Ort. Doch wenig später zog die Familie auf der Suche nach besseren Geschäften nach Hawaii, dem jüngsten Bundesstaat in den Vereinigten Staaten, der noch Aufbruchsstimmung und neue Chancen versprach.

Barack Obamas Großvater mütterlicherseits betrieb ein kleines Möbelgeschäft, später arbeitete er als Versicherungsagent ohne nennenswerten Erfolg.

Als Ann Dunham ihren Freund von der Uni erstmals daheim vorführte, war die Reaktion verhalten bis skeptisch. Ob die Eltern die Verbindung hätten verhindern können und ob sie es gewollt hätten, ist nicht bekannt. Sie waren aber offenbar beeindruckt von Barack Obama Sr., der mit Händen und Füßen sprach, sich gut darauf verstand, anschaulich und freundlich zu erzählen, und sich mühelos in die Perspektive der einfachen Leute aus Kansas hineinversetzen konnte. Sie gaben ihre Einwilligung.

Woran die Ehe scheiterte, als Barack Obama noch nicht einmal zwei Jahre alt war, weiß auch der Politiker Obama nicht so genau. Vielleicht wussten es sein Vater und seine Mutter selbst nicht. Auffällig ist die Umtriebigkeit und Unruhe des Vaters von Barack Obama, dessen Mobilität und Ehrgeiz zu Kultur- und Kontinentenwechseln von Afrika über Hawaii nach Neu-England und wieder zurückführten. Auch Ann Dunham ist viel herumgekommen, erst von Kansas nach Hawaii, dann, nach der Heirat eines weiteren Gaststudenten, nach Indonesien. Barack Obama zog mit und verbrachte die prägenden Jahre zwischen Kindergarten und fünfter Klasse mit seinem Stiefvater und seiner Halbschwester Maya in einem für ihn, aber auch für seine Mutter, vollkommen fremden Land. Dort wurde er eingeschult und besuchte öffentliche und private Schulen in Jakarta. Hier war er weniger durch seine Hautfarbe ein Außenseiter als durch die westliche und christliche Prägung seiner Mutter, die sich nun in einem moslemischen Land wiederfand, das damals politisch mit den USA gefährlich über Kreuz lag. Schon kurz nach Ankunft in Jakarta wurde ihr klar, dass sie die Assimilierung ihres Sohnes verhindern wollte, allerdings fehlte für die Internationale Schule, die zugleich die Eintrittskarte für das soziale Biotop der westlichen Ausländer in Jakarta gewesen wäre, das

Geld. Stattdessen weckte sie ihren Sohn jeden Morgen um vier Uhr in der Früh. Bis um sieben Uhr musste er unter Strafandrohung mit der Mutter Englisch lernen. Entweder mit Blick auf das absehbare Ende ihrer Ehe oder in Sorge um die fortschreitende Anpassung des Kindes an sein indonesisches Umfeld schickte sie ihn 1971, als er zehn Jahre alt war, wieder zurück zu ihren Eltern nach Honolulu. Barack Obama wuchs in den Teenager-Jahren bei seinen Großeltern auf, auch wenn die Mutter erst zu längeren Besuchen und schließlich ganz folgte, nachdem sie sich von ihrem Mann in Indonesien getrennt hatte. Sie folgte noch einmal ihrem lebenslangen Interesse an fremden Menschen und studierte Ethnologie, während sich ihre Eltern um den heranwachsenden Sohn kümmerten. Bis zum Ende der Schulzeit auf der Punahou High School blieb Obama in Honolulu. Mit knapp 18 Jahren, im Frühsommer 1979, schloss er die Schule mit dem Diplom der High School ab und verließ kurz darauf Hawaii für immer.

Nimmt man nur einmal den Lebenslauf bis zu diesem Zeitpunkt, finden sich darin schon reihenweise Erfahrungen, die völlig aus dem Rahmen einer normalen amerikanischen Kindheit fallen. Während die meisten Amerikaner, von den Familien der höchsten Bildungsschichten vielleicht abgesehen, als Kinder und Jugendliche kaum je ins Ausland reisen, hat Barack Obama schon als Kind jahrelang in einem fernen Land gelebt; die USA selbst hat er bis zu diesem Zeitpunkt nur in Form des Sonderfalls Hawaii kennengelernt, wo nicht nur die geographischen und klimatischen Bedingungen von den kontinentalamerikanischen total verschieden sind, sondern auch sozial und kulturell ein völlig anderer Wind weht, mit einem multiethnischen Mix, in dem viele mehr von einem erfolgreichen *Melting Pot* zu erkennen glauben als in New York. In Barack Obamas Biographie verbinden sich unmittelbar zwei Hautfarben oder ethnische Einflüsse, mit Blick auf die Jahre in Indonesien aber sogar eher drei. Im Spiel sind auch drei Religionen – afrikanischer Stammesglaube, der in Form mythischer Familienlegenden auch nach der Abkehr des Vaters fortlebt; amerikanisches Christentum der Mutter, wenngleich für amerikanische Verhältnisse ungewöhnlich schwach ausgeprägt, aber gerade deshalb raumgebend für die anderen Einflüsse, und schließlich der moslemische Glaube des Stiefvaters und der Mitschüler in Indonesien. Während alle Amerikaner zunächst einmal in dem Gefühl aufwachsen, dass es die natürliche Art des Menschseins ist, Amerikaner zu sein, wie der Schriftsteller Jedediah Purdy so treffend gesagt hat, wuchs Barack Obama in dem Gefühl auf, dass die Welt groß und kompliziert ist, dass die Menschen verschiedene Sprachen sprechen, dass sie sich verständigen, aber auch missverstehen können, dass sie sich nicht alle gleichermaßen schätzen, aber dass sie miteinander auskommen müssen. Wert und Einfluss solcher Erfahrungen auf die politische Weltsicht kann man gar nicht hoch genug einschätzen. Als George W. Bush 18 Jahre alt wurde, hatte er die USA noch nie verlassen, und als er Präsident wurde, hatte er nur zwei Länder, Mexiko und Israel, als Kurzbesucher kennengelernt. Damit ist viel gesagt.

Umgekehrt ist es ebenso richtig festzustellen, dass Barack Obama die USA selbst so wenig kannte wie nur wenige Amerikaner seines Alters. Der Sonderfall Hawaii, der auch für die allermeisten Amerikaner so fremd und fern und untypisch ist wie eine Jugend auf Helgoland für die meisten Deutschen (und mit Blick auf die geographischen Entfernungen und Gegebenheiten ist das immer noch eine drastische Untertreibung), war nur in mancher Hinsicht eine für die USA halbwegs repräsentative Erfahrung. Immerhin, sagt Barack Obama, war es hier in Honolulu, in der High School, dass er sich zum ersten Mal als Teil einer Minderheit empfand, dass er sein Anderssein deutlich spürte und begann, über seine Identität im menschlichen Farbenmix nachzudenken. Der alterstypische Entwicklungssprung des Zehnjährigen fiel zusammen mit dem Umzug von Indonesien nach Hawaii. Über die frühkindlichen Erfahrungen und die seltenen Augenblicke, in denen er ein Foto seines Vaters betrachtete und darüber nachdachte, hat Barack Obama gesagt: „Dass mein Vater überhaupt nicht so aussah wie die Menschen um mich herum, dass mein Vater schwarz war wie Teer und meine Mutter weiß wie Milch, drang nicht in meinen Verstand vor." Damals noch nicht, aber in den High-School-Jahren auf Hawaii dann eben doch. Und je älter er wurde, desto eindringlicher und komplizierter wurde diese Erfahrung.

Das richtige Amerika, oder doch jedenfalls einen Teil, der schon wesentlich repräsentativer, wenngleich immer noch unverhältnismäßig sonnig, bunt, fröhlich und flippig war, lernte Barack Obama ab 1979 in Kalifornien kennen. Zwei Jahre verbrachte er am Occidental College in einem Vorort von Los Angeles, nicht weit von Pasadena entfernt, bevor er von der Westküste an die Ostküste der USA wechselte und sich an der renommierten Columbia University in New York für Politikwissenschaften mit Schwerpunkt Internationale Beziehungen einschrieb. Die zwei Jahre in Kalifornien hat er heute als eine Zeit jugendlicher Exzesse und des experimentellen Sturm und Drang, aber auch als eine Zeit der verstärkten Identitätssuche und Identitätszweifel in Erinnerung. Der 18-Jährige, der immer ein sehr guter Schüler gewesen war, aber nie ein Wunderkind, erreichte auch hier noch nicht seinen intellektuellen Höhepunkt, vermutlich, weil er zu sehr mit Mädchen und Drogen, Zigaretten, Partys, Sauforgien, vor allem aber mit dem Lieblingsthema eines jeden 18-Jährigen beschäftigt war: mit sich selbst.

Dazu gehörte nun mehr denn je die Frage nach der eigenen Identität im schwarz-weißen Amerika, genauer gesagt: die vielen einzelnen Fragen von Anlehnung, Selbstverständnis, Abgrenzung, Gruppenzugehörigkeit, Vereinnahmung, Vereinnahmungsangst, ethnischem Stolz, kultureller Verunsicherung und tief sitzendem Minderwertigkeitsgefühl. Es war hier, dass Barack

Obama zum ersten Mal auffiel, wie weiße Frauen im Aufzug ihre Handtaschen verschlossen oder enger an sich zogen, wenn sie sahen, dass einer wie *er* den Fahrstuhl betrat. Es war hier, dass er zum ersten Mal verstand, dass es gar kein Zufall war, dass die Taxifahrer so oft an ihm vorbeifuhren, wenn er ein Taxi brauchte, aber ein paar Meter weiter bereitwillig anhielten, wenn dort ein weißer Mann seines Alters stand – die kleine Episode, die er noch heute fast täglich im Wahlkampf erzählt. In Hawaii hatten sich die Probleme als Schwarzer noch hauptsächlich darauf beschränkt, „einen Friseur zu finden, der wusste, wie man unsere krausen Haare schneidet". In Los Angeles hingegen war die Erfahrung des Rassismus, oder besser: des fundamentalen Misstrauens der meisten Weißen gegenüber den meisten Schwarzen (und umgekehrt), eine Alltäglichkeit. Mochte Harry Belafonte auch der bestaussehende Mann der Welt sein, mochte sein Vater auch diese sagenhafte Gabe besessen haben, den alltäglichen Rassismus wegzulachen und charmant zu überwinden, jetzt war Barack Obama selbst „a black man" oder jedenfalls so etwas Ähnliches, und er musste damit leben, er musste sich damit auseinandersetzen, ob er wollte oder nicht. Die Vertreibung aus dem hawaiianischen Paradies lag nun endgültig hinter ihm.

Stellt man einmal für einen Augenblick die erheblichen Zweifel, Bedenken und Einwände hintan, die man bei Selbstzeugnissen natürlich haben und ernst nehmen muss, zumal wenn die Auskünfte über die eigene Biographie aus dem Munde eines Politikers kommen, der noch viel vorhat und die Vergangenheit nicht der Deutung anderer überlassen will, sieht man also von diesen Aspekten vorübergehend ab und nimmt ganz naiv für bare Münze, was Barack Obama über Barack Obama sagt – dann scheint es, als sei diese erste Zeit im College, die erste Zeit der Unabhängigkeit und Freiheit von elterlicher, hier: groß-elterlicher Aufsicht, vor allem eine Zeit faszinierender Debatten und kluger Gespräche gewesen, ein Stück alkoholisierter Selbst-findung und amouröser Annäherungsversuche, sicher, auch das, aber auch ein intellektueller Aufbruch zu Problemlösungsver-suchen, die schon weit über das eigene Ich hinausführten und ins Herz amerikanischer Verunsicherung und Selbstzweifel vor-stießen. In diesen Debatten treten dann junge Menschen wie Joyce auf und liefern Anschauungsmaterial für multiethnische Mikrokonflikte und multikulturelle Makrothemen: „Ich bin doch nicht schwarz!", sagte sie eines Tages empört ihrem Kommilito-nen Barack Obama im Studentenwohnheim, der sie gefragt hat-te, ob sie zum Treffen der *Black Students' Association* kommen werde, „ich bin nicht schwarz, ich bin multiethnisch!". Ihr Vater war Italiener, ihre Mutter war „teils afrikanisch, teils franzö-sisch, teils indianisch, teils noch irgend etwas". Die Botschaft ist klar: Hautfarben sind irrelevant, sie sind ein Zufallsergebnis von Natur und Kultur, na und? „Warum sollte ich mich zwischen mehreren Farben entscheiden müssen", sagte Joyce, die Obama in seiner Erinnerung nicht ohne erotischen Unterton als „gut aussehende Frau mit grünen Augen, honigfarbener Haut und wulstigen Lippen" beschreibt. Sie steht nicht nur in seinen Erin-nerungen, sondern auch in seiner heutigen Weltsicht für einen modernen Menschentyp, der *post-rassistisch* denkt und lebt, an das Universelle des menschlichen Daseins glaubt und sich kein ethnisches Etikett anhängen lassen will, weil jedes Etikett, unab-hängig von der Intention dahinter, selbst Teil des Problems ist: „Und es sind nicht die Weißen, die von mir verlangen, dass ich mich entscheiden soll. Vielleicht war das einmal früher so, aber heute behandeln die Weißen mich einfach wie einen Menschen. Es sind die Schwarzen, die immer aus allem eine Frage der Rasse machen. Es sind die Schwarzen, die mir sagen, dass ich mich entscheiden muss, wo ich hingehöre. Es sind die Schwarzen, die mir sagen, dass ich nicht einfach die sein kann, die ich sein will ..." Wenn es stimmt, was Barack Obama heute über diese Zeit erzählt, dann hat die junge Frau ihm das so ins Gesicht gesagt, wütend, verärgert, den Tränen nahe. Und wenn es stimmt, muss man ihm zugute halten, dass er sich weder von ihrer Schönheit noch von ihren Tränen noch von ihrem sehr liebenswerten humanistischen Anspruch hat beirren lassen, sondern klar erkannte, was das Problem an dieser Sichtweise ist: Die junge Frau konnte nur deshalb Rasse und Hautfarbe zum Non-Thema erklären, weil sie sich, bewusst oder unbewusst, eben eher als Weiße fühlte und fühlen durfte, in die Mehrheitsgesellschaft integriert war und schon begonnen hatte, auf die Minderheit, die immer alles so kompliziert machen will, herabzuschauen.

„Das war das Problem mit Leuten wie Joyce. Sie redeten vom Reichtum ihrer multikulturellen Herkunft, und es klang echt toll, bis man merkte, dass sie mit Schwarzen eigentlich nichts zu tun haben wollten. Das war nicht notwendigerweise eine bewusste Entscheidung, eher eine Folge der Schwerkraft, so wie Integration immer funktioniert, als Einbahnstraße. Die Minderheit geht in der dominierenden Kultur auf, nicht umgekehrt. Nur die weiße Kultur konnte neutral und objektiv sein. Nur für die weiße Kultur konnte Rasse kein Thema sein außer, wenn man gelegentlich einen Exoten in die eigenen Reihen aufnahm. Nur in der weißen Kultur gab es nichts als gleichwertige Individuen. Und wir, die Mischlinge mit akademischem Abschluss schauen uns die Lage an und sagen zu uns selbst: Warum sollen wir uns in einen Topf werfen lassen mit all den Verlierern? Wir sind dankbar, wenn wir in der Masse aufgehen dürfen, in Amerikas glücklichem, gesichtslosem Markt. Und wir sind niemals so empört, ... wie wenn man uns trotz unseres *Brooks Brother* Anzuges und des tadellosen Englisch, das wir sprechen, versehentlich für einen ordinären Nigger hält." In den College-Anekdoten von Barack Obama enden solche Temperamentsausbrüche immer damit, dass er sich erst einmal eine Zigarette anzündet und eine neue Flasche Bier aufmacht. Auf den Schrecken, sozusagen, muss man erst mal einen trinken.

Die Tiefe, die sich in diesen Gedankengängen zeigt, ist auch dann noch eindrucksvoll, wenn der College-Student Barack Obama vielleicht noch gar nicht ganz so schlau war, wie er sich heute im Rückblick gern machen möchte, und erst der gereifte Mann und Politiker die entscheidenden Gedankensprünge in diese Rollenprosa eingebaut hat. Entscheidend ist, dass sich hier schon die Doppelbödigkeiten der *race issues*, also der Themen Rasse und Hautfarbe, andeuten, die Barack Obama bis heute beschäftigen, begleiten, verfolgen: Warum kann man Rasse und Hautfarbe nicht einfach ignorieren? Warum leben Schwarze und Weiße in den USA immer noch in weitgehend getrennten Welten, und warum fühlen sich Schwarze, die den Eingang zur Welt der Weißen und Wohlhabenden gefunden haben, den Schwarzen nicht mehr zugehörig? Und was ist überhaupt mit allen und allem *zwischen* Schwarz und Weiß? Kann man heute wirklich noch von den Weißen und den Schwarzen sprechen? Kein anderer Politiker vor Barack Obama hat die Komplexität dieser Fragen, ihr Schmerz- und Gewaltpotential, das Bedrückende und Unlösbare an ihnen so klar erkannt wie er. Das liegt ohne Zweifel daran, dass kein prominenter Politiker vor ihm selbst so unter diesen Fragen gelitten hat.

Man kann ihm auch glauben, dass ihm im College-Leben in Los Angeles diese Fragen auf eine neue, eindrückliche Weise vorgeführt wurden, angefangen im Studentenwohnheim, in dem er damals wohnte, aber auch im trotzig inszenierten „Stammesleben" der schwarzen Studenten, wie er das selbst zynisch nennt, in den Begegnungen mit Kommilitonen und Professoren, die alle unterschiedliche Klassen- und Rassenerfahrungen mitbrachten, nicht zuletzt auch in der Begegnung mit einer Stadt, die multikulturell die Sonne genießt, aber im Innern voller Hass und Verachtung ist – wie sich wenige Jahre später, in den wüsten Rassenunruhen des Jahres 1992 mit 53 Toten und hunderten von Schwerverletzten, auf neue Art zeigen sollte.

Die Auseinandersetzungen mit der eigenen Identität führten für Barack Obama in dieser Zeit in entlegene Winkel und Sackgassen, auf Abwege und manchmal an den Rand des Abgrunds. Er trank viel und rauchte noch mehr, er betäubte sich mit Marihuana (und macht, anders als Bill Clinton, auch heute keine Anstalten zu betonen, dass er zwar geraucht, „aber nicht inhaliert" habe), er verbrachte die meiste Zeit mit anderen Schwarzen, die von einer Neuauflage von *Black Power* träumten, er folgte marxistischen Professoren und feministischen Randgruppen, er hörte den härtesten Punkrock und trug eine schwarze Lederjacke. Doch auf Dauer fühlte er sich auf der aggressiven und kampflustigen Seite des Campus auch nicht wohl, und es wuchs Schritt für Schritt sein Misstrauen gegen Schwarze, die sich darüber definierten, dass sie Schwarze waren und „mehr Entschuldigungen für ihre Verbitterung hatten, als ich je für mich in Anspruch nehmen würde". Er hatte sich den Schwarzen angeschlossen, weil er keiner von den Aufsteigern und Überläufern sein wollte, die es schaffen, sich unter den Weißen zu etablieren, und dann auf die Schwarzen hinabblicken. Stattdessen wollte er stolz seine schwarze Identität leben. Doch auf Dauer empfand er auch diese schwarze Identität als eine selbst und sinnlos gewählte Einengung des Bewusstseins, die ihm und seinem Leben überhaupt nicht gerecht werden konnte. „Es war Angst ... diese ständige, verkrüppelnde Angst, dass ich irgendwie nicht dazugehöre, dass wenn ich nicht den Kopf einziehe und mich verstecke und wenn ich nicht vorgebe, etwas zu sein, was ich gar nicht bin, dass ich dann immer ein Außenseiter bleiben würde, und der Rest der Welt, Schwarz und Weiß, würde mich immer verurteilen."

Auch nach zwei Jahren in Los Angeles scheinen sich diese Fragen für Barack Obama nicht gelöst zu haben, sie sind eher noch komplizierter geworden. Aber immerhin enden seine ersten beiden College-Jahre mit einer ersten vorsichtigen Balance, nachdem das Pendel zwischenzeitlich kräftig in beide Richtungen ausgeschlagen hatte: Es überzeugt ihn nicht, Rasse und Hautfarbe ignorieren zu wollen, so zu tun, als gäbe es das Thema nicht oder als sei es ein einseitig von Schwarzen betriebenes Thema der Selbstentschuldigung und gesellschaftlichen Anklage. Die Antwort, dass alle Menschen gleich sind, greift in der politischen Wirklichkeit viel zu kurz und steht immer in der Gefahr, denen zu nützen, die ohnehin Rasse und Hautfarbe nicht als Problem erleben, aber denen zu schaden, die Tag für Tag am eigenen Leib spüren, wie sehr sie als Mitglieder einer bestimmten Rasse wahrgenommen, verachtet oder gefürchtet werden. Denn die bekommen auf diese Weise auch noch gesagt, dass sie sich das alles offenbar einbilden. Umgekehrt führt das Leben in der schwarzen Identität auch leicht in genau die Isolation, die beklagt wird und eigentlich dadurch überwunden werden sollte, dass man sensibel und problembewusst ist. Es führt kein Weg daran vorbei, so Obamas Erfahrung nach zwei Jahren in Kalifornien, sich als Schwarzer in Amerika zu fühlen und sich mit dieser Identität zu arrangieren; aber diese Identität darf nicht rückwärtsgewandt verstanden werden, weil sie sonst die Rassenunterschiede zu stabilisieren hilft. „Es war ein Mangel an Phantasie, eine Art Mutlosigkeit", sagte Barack Obama später mit Blick auf diese Zeit, „die mich hat glauben lassen, dass ich mich entscheiden müsste, auf welche Seite ich gehöre … Meine Identität mag mit der Tatsache meiner Hautfarbe beginnen, aber sie endet nicht damit, sie darf damit nicht enden." Kurze Zeit später verließ er Los Angeles und wechselte an die angesehene Columbia-Universität in New York. Auf der Reise, die im äußersten Westen der USA begonnen hatte und dann nach Kalifornien führte, kam er nun im äußersten Osten an, dort wo die USA am ältesten sind, wo sich Macht, Geld und Bildung konzentrieren. Zum ersten Mal kam Barack Obama hier mit den amerikanischen

Eliten zusammen, und zum ersten Mal fiel er als hochintelligenter Student auf. Es war auch zu dieser Zeit, dass er den aus Kindheitstagen gepflegten Spitznamen Barry ablegte und fortan so genannt werden wollte, wie er heißt: Barack. Der Name hat seinen Ursprung im Arabischen, geht noch auf den moslemischen Großvater, Medizinmann und Stammesältesten zurück und heißt soviel wie „der Gesegnete".

In den Deutungen seines eigenen Lebens nimmt die Zeit in New York, auch hier zwei Jahre, den Platz eines beschleunigten, wenn auch immer noch ziellosen Reifeprozesses ein. Zur Identitätssuche kam die Frage nach beruflichen Perspektiven, die Barack Obama, anders als die meisten amerikanischen Präsidenten und Präsidentschaftskandidaten, die angeblich oder tatsächlich schon im Grundschulalter vom Weißen Haus geträumt haben, mit sympathischer Ratlosigkeit beantwortet: „Ich hatte keine Ahnung, was aus mir werden sollte." Er war klug genug, die Frage erst einmal beiseitezuschieben, sich auf das Nötige im Studium zu konzentrieren und dabei den Blick für alles andere offen zu halten, ohne sich von Karriere-Ängsten und Karriere-Wünschen einen Lebenslauf diktieren zu lassen. New York lieferte reichlich neues Anschauungsmaterial für den spätjugendlichen Wanderer, für den Spurensammler, für den Lebenskünstler und Lebenszweifler, für den lauten Weltverbesserer und den stillen Poeten in Barack Obama. „Ich habe ein Jahr damit verbracht, durch Manhattan zu laufen, von einem Ende bis zum anderen. Wie ein Tourist habe ich mir die Spannbreite der menschlichen Möglichkeiten angesehen und dabei versucht zu erspüren, welche Rolle ich in dem Leben dieser Menschen, die ich sah, spielen könnte. Ich habe die Lücke gesucht, durch die ich in dieses Leben hineintreten könnte." Zieht man davon die poetische Stilisierung ab, bleibt doch die glaubwürdige Erinnerung an eine Zeit der Wegsuche, in der ein Sendungsbewusstsein erstmals aufflammte, wenngleich „eine Rolle im Leben der Menschen" damals noch vieles hätte heißen können, etwa, Architekt oder Anwalt zu werden, Sozialarbeiter oder Journalist. Tatsächlich waren dies eher die Richtungen, an die Barack Obama 1983 in New York dachte, während die ersten politischen Ambitionen gerade erst aufkeimten.

New York erreichte Mitte der achtziger Jahre seinen Tiefpunkt nach langer Verwahrlosung und Verrohung, Schwarze wurden jetzt unter Pauschalverdacht gestellt, in der U-Bahn trugen manche Weiße jetzt Waffen, um sich vor schwarzen Räubern zu schützen. Die Weltpolitik war von Atomkriegsangst und Nachrüstung bestimmt, im Weißen Haus regierte ein humorvoller weißer Mann, der schon Mitte siebzig war, aber noch manchmal zum Ausritt aufs Pferd stieg und dabei einen Cowboy-Hut trug. In der Innenpolitik gaben die Konservativen den Ton an. Wie sollte ein 22 Jahre alter Schwarzer in dieser Mikro- und Makroperspektive seinen Weg finden? Worin sollte seine Aufgabe in einer solchen Welt bestehen? Wie sollte er auf die Idee kommen, Politiker werden und ein besseres Amerika bauen zu wollen? Es ging ja erst einmal darum, den eigenen Alltag zu bewältigen und nicht darum, die Welt zu verbessern.

Die erste Nacht in New York schlief Barack Obama in Spanish Harlem neben den Pennern auf der Straße, weil er nicht genug Geld für ein Zimmer im Motel hatte. Am nächsten Morgen wusch er sich an einem Hydranten. Doch ganz so dramatisch blieben seine Lebensbedingungen über die ersten 24 Stunden hinaus nicht. Mit dem Ende von Campusleben und Wohnheimkultur waren aber weitere soziale Strukturen weggebrochen, und die größere persönliche Freiheit gab es nicht ohne größere Risiken. Die Universität bot hier die Ausbildung, aber keine Betreuung mehr; die Studentenschaft teilte sich nicht in Gruppen und Cliquen auf; nach Vorlesungsschluss ging jeder seiner Wege. Barack Obama ging meistens zu Fuß und verstand sich, wie er selbst sagt, als „Laborratte" in einer Versuchsanordnung zur menschlichen Existenz. Die Armut, die er dabei in Manhattan besichtigen konnte, schockierte ihn mehr als die Armut, die er als Kind in Indonesien gesehen hatte. Und das Verhältnis von Schwarzen und Weißen zueinander erschien sogar im Vergleich zu Los Angeles noch einmal radikaler: „Ich hatte mich daran gewöhnt, dass es überall Misstrauen zwischen den Rassen gab. Aber sei es wegen der Dichte oder der Größe von New York, ich habe doch erst hier die beinahe mathematische Präzision erkannt, mit der Amerikas Rassen- und Klassenprobleme verwoben sind; die Tiefe, die Schärfe der dadurch verursachten Stammeskriege; die Gehässigkeit, die frei floss, nicht nur in den Straßen, sondern auch in den Toiletten der Columbia-Universität, wo, egal wie oft die Verwaltung sie überpinselte, die schonungslose Korrespondenz zwischen Niggern und Kikes stand. Es war, als sei jeder gemeinsame Boden zusammengebrochen." („Kikes" ist ein Schimpfwort für Juden.)

Noch einmal verstärkte sich auch die Erfahrung, dass die Grenzen nicht nur zwischen Schwarz und Weiß verliefen, sondern gerade die *Black Community* in sich die schärfsten Risse hatte. „Für Weiße sind wir keine richtigen Menschen, so einfach ist das", hieß die Erklärung für alles und nichts, wie Barack Obama sie von manchen schwarzen Freunden hörte. Dass es falsch und gefährlich war, so zu denken und zu reden, wusste Barack Obama zu diesem Zeitpunkt längst. Hatte er in Los Angeles noch seine Heimat in der *Black Community* gesucht, wenn auch nicht zufriedenstellend gefunden, so begann in New York schon die verstörte Ablösung von dieser Gemeinschaft, die keine war. Zum ersten Mal regte sich eine Sehnsucht nach einer anderen Art von sozialer Bindung und Unterstützung: „Was ich brauchte, das verstand ich jetzt, war eine Gemeinschaft, die tiefer geht als die gemeinsame Verzweiflung von schwarzen Freunden und mir, wenn wir die neuste Kriminalstatistik lasen, tiefer als die Momente, in denen wir auf dem Basketballfeld die Hände abklatschten. Ich suchte einen Platz, wo ich etwas einbringen und ein echtes Engagement ausprobieren könnte." In vielen Gesprächen, auf langen, einsamen Spaziergängen und in endlosen Selbstreflexionen im Tagebuch durchdachte Barack Obama diese Fragen. Vielleicht war es auch diese Sehnsucht, die Barack Obama, den de-facto-Atheisten, nun gelegentlich in die Kirche trieb. Allein und vom liturgischen Geschehen eher verstört als inspiriert, saß er nun oft sonntags morgens in der letzten Reihe der *Abyssinian Baptist Church* in Harlem. Die „süßen, sorgenvollen Lieder des Gospel-Chores" berührten ihn schon stark, obwohl er sich zu diesem Zeitpunkt noch lange nicht als religiösen Menschen begriffen oder gar als Christ einer bestimmten Konfession verstanden hätte. Im Gegenteil, die Begegnung mit den religiösen Gemeinschaften, die gerade für die Afroamerikaner in den USA identitätsstiftend sind, führte nur von neuem zu der Erfahrung, nicht dazuzugehören, Zuschauer zu sein, Außenseiter und überhaupt einfach ein komischer Typ, dessen Name und Hautfarbe und Ansichten in keine der bewährten Schubladen passten. Immerhin sah er in der Kirche „einen flüchtigen Schein dessen, was ich suchte". Doch in New York war es für ihn nicht zu finden. Der Vater hatte ihm in einem der letzten Briefe den dringenden Rat gegeben: „Du musst immer wissen, wo du hingehörst." Doch genau das wusste Barack Obama jetzt weniger denn je.

Schon vor dem Examen an der Columbia-Universität hatte er Bewerbungen an Wohltätigkeitsorganisationen und lokale Initiativen überall in den USA geschickt und darin die Bereitschaft bekundet, praktisch jeden Job anzunehmen, egal wo und was. Er wollte nach Jahren des Theoretisierens über Rassenversöhnung und soziale Gerechtigkeit endlich selbst an die Front des alltäglichen Kleinkrieges gehen, in die *Black Neighborhoods*, dorthin, wo es wehtut, wo man aber auch wirklich gebraucht wird. Kurioserweise erhielt der angehende Samariter nur Absagen und nahm schließlich doch erst einmal einen richtigen Job an, als Assistent in der Forschungsabteilung von Business International Corporation, einer großen Unternehmensberatung für multinationale Konzerne in Manhattan, in dem sich der Aufstieg tatsächlich in Höhenmetern messen lässt: Mit jeder Beförderung geht es eine Etage nach oben. Plötzlich führte er selbst in der „Spannbreite der menschlichen Möglichkeiten" ein nicht untypisches New Yorker Leben mit einem ordentlichen Einkommen (das er dazu nutzte, das Studentendarlehen zurückzuzahlen) und einem gehetzten Alltag zwischen Büro und Apartment. Als der einzige Schwarze im ganzen Haus (von Sicherheitskräften, Pförtnern, Putzfrauen und ein paar Sekretärinnen abgesehen) sei er sich vorgekommen wie „ein Spion hinter den feindlichen Linien". Den Eintritt in die schöne, weiße Welt hatte er geschafft, genau das, woran die allermeisten scheitern. Doch er suchte schon bald wieder den Ausgang. In der Versuchsanordnung zur menschlichen Existenz wurde die Laborratte Barack Obama nach einem Jahr mit bewährten Lockmitteln auf die Probe gestellt: Business International bot ihm, der schnell als äußerst lernfähig und kommunikativ aufgefallen war, ein prestigeträchtiges Eckbüro, eine eigene Sekretärin und eine kräftige Gehaltserhöhung. Die morgendliche Aufzugfahrt hätte sich gleich um mehrere Etagen verlängert. Ausgesorgt – hätte Barack Obama in diesem Moment sagen können. Es war einer der *Defining Moments* seines Lebens, ein Augenblick, in dem man Farbe bekennen und sich seiner selbst vergewissern musste. Barack Obama entschied sich noch einmal dafür, eine soziale Aufgabe zu suchen. Und diesmal fand er sie. Zum Entsetzen seiner Chefs und Kollegen schlug er die New Yorker Karriere in den Wind, kündigte kurzfristig und ging nach Chicago, wo er, von einer touristischen Stippvisite abgesehen, noch nie in seinem Leben gewesen war. Immer noch ohne eine klare Perspektive, aber auch ohne jedes Zögern ließ er die Stadt, die ihm den ersten beruflichen Erfolg, im Übrigen aber mehr Kummer eingebracht hatte als jede andere Station in seinem Leben, zurück. Das war 1985. Barack Obama war nun 24 Jahre alt.

Barack Obama dachte nicht an irgendeine Art von Sozialarbeit, er hatte eine ganz bestimmte, wenn auch nicht unbedingt realistische Vorstellung, was er am liebsten tun würde, und er hatte schon seinen New Yorker Kommilitonen oft davon erzählt: Er wollte *community organizer* werden. Das Wort ist nicht nur für Deutsche schwer zu verstehen, auch die amerikanischen Studenten und Professoren, denen Obama gelegentlich kleine, runde Vorträge hielt über das, was in Amerika geschehen müsste, konnten sich unter diesem Begriff praktisch nichts vorstellen. Es klang jedenfalls bei weitem mehr nach einem Ehrenamt als nach Lohnarbeit. Obama selbst räumte später ein, dass es ihm nicht nur um die Sache ging, also um die Hilfe für Schwarze, die im Leben weniger Glück gehabt hatten als er. Es ging ihm auch um die Pose des Helfenden, um die Inszenierung seiner selbst, aber nicht für irgendein Publikum und nicht als Station im Lebenslauf, sondern einfach, um dem eigenen Anspruch gerecht zu werden und mit sich selbst ins Reine zu kommen. Die „romantischen Bilder" der Bürgerrechtsbewegung mischten sich in diesen spätjuvenilen Weltverbesserungstraum, Martin Luther King und die Protestmärsche der sechziger Jahre, der trotzige Aufmarsch auf den Straßen und die neue Hoffnung auf einen epochalen Durchbruch. *Community organizer*, darunter stellte sich der 24-Jährige eine neue, von ganz unten aufgebaute Volksbewegung für soziale Gerechtigkeit und volle Gleichberechtigung der Rassen vor. Es war eine Idee, die zutiefst human, sehr ambitioniert und vollkommen naiv war. „Ich werde die Schwarzen neu organisieren, direkt an der Basis, damit sich etwas verändert", hatte Barack Obama den Freunden in New York erklärt. Die ganze seltsame Idee, sagt er heute, „war Teil der größeren Erzählung, die mit meinem Vater und seinem Vater begann, mit meiner Mutter und ihren Eltern", es war ein „Erlösungsversprechen". Von der parteilich organisierten Politik hielt Obama sich immer noch weitgehend fern; doch sein eigener Anspruch war zu diesem Zeitpunkt längst ein zutiefst politischer.

Aber wie sah die Arbeit des *community organizers* konkret aus? Wie sollte die „Gemeinschaft", die „Bewegung" aufgebaut werden? Marty Kaufman, der die Gemeinschaftsbildung nicht nur zu seiner Lebensaufgabe, sondern auch zu einem Beruf gemacht hatte, den man zum Zwecke der Gemeinschaftsbildung wie ein Dienstleistungsunternehmen anheuern konnte und der seinerseits junge Nachwuchskräfte in diesem Beruf ausbildete, als wäre es ein traditionelles Handwerk, bot Barack Obama einen Job an. Kaufman wollte ihn anlernen und mit ihm zusammen Schwarze aus sozialen Brennpunkten in Chicago organisieren, die dann – im fortgeschrittenen Stadium dieses Plans – mit weißen Gruppen aus den besseren Vororten zusammengebracht werden sollten, um so eine starke Gemeinschaft im Kampf gegen Fabrikschließungen und für die soziale Verantwortung lokaler Arbeitgeber in Chicago zu bilden. Von allem anderen abgesehen, hatte Marty Kaufmans Plan, die Schwarzen möglichst schnell auf Trab und auf Linie zu bringen, einen Haken: Er war weiß. Das verringerte seine Erfolgsaussichten als community *organizer* in den schwarzen Vierteln enorm. Deshalb brauchte er einen wie Obama, den er als „zornigen jungen Mann" wahrnahm, der sich um jeden Preis und mit Haut und Haaren in die Emanzipation der Schwarzen stürzen wollte. Kaufman zahlte Obama ein Gehalt von 800 Dollar im Monat und spendierte ihm einen Gebrauchtwagen im Wert von 2000 Dollar.

Barack Obama war vorläufig dort, wo er hinwollte: „... in the streets". Er ging von Tür zu Tür, organisierte Bürgerversammlungen, hörte sich die Klagen über die Schlaglöcher in der Straße oder über die Polizei an, die immer zu spät oder gar nicht kam, die Falschen inhaftierte oder allzu brutal zuschlug. Ame rika ganz unten. Es war eine mühsame, verzehrende Arbeit mit großen Ideen und kleinen Ergebnissen. Die „Gemeinschaften" konnten nicht aus dem Nichts organisiert werden, das war dabei eine der wesentlichen Erfahrungen, sie mussten, wenn überhaupt etwas draus werden sollte, auf bestehende Strukturen zurückgreifen. Die einzigen Gemeinschaftsstrukturen in den Schwarzen-Vierteln sind aber die Kirchen, so dass man auf die Unterstützung der Kirchen angewiesen war und sich leicht dabei verzettelte, das alles unter einen Hut zu bringen: die Anliegen hilfloser Analphabeten, die Auseinandersetzung mit Bürokratie und lokaler Politik, die Überzeugungsarbeit, die in den Kirchen und Verbänden geleistet werden musste. Eine andere Lektion, die Barack Obama damals lernte und die für seine späteren Politiker-Qualitäten noch viel wichtiger war, ist das, was Marty Kaufman, der Veteran der professionellen Sozialarbeit im Ghetto, ihm eines Tages sagte: „Bloß nicht zu abstrakt mit den Menschen reden, bloß nicht so, als wolltest du eine Umfrage machen. Wenn du Menschen organisieren willst, musst du dich von allen Nebensächlichkeiten fernhalten und das ansteuern, was für diese Menschen zentral ist, das Zeug, das sie wirklich zum Ticken bringt." Obama war zwar von diesem eiskalten Kalkül entsetzt und zieh Kaufman der „Manipulation von Menschen", hat die Lektion seither aber im Großen und Ganzen beherzigt.

Die Bilanz der drei kurzen, langen Jahre, die Barack Obama in Chicago mit diesem Job verbrachte, ist je nach Lesart dürftig oder grandios. Ist das ein vorzeigbarer Erfolg, wenn man nach langwierigen Verhandlungen mit dem Schulamt und mühsamen Unterschriftensammlungen durchgesetzt hat, dass eine Problem-Schule auf der berüchtigten South Side von Chicago einen Schulpsychologen bekommt? Ist das ein Erfolg, dass man für die Mieter von Sozialwohnungen in *Altgeld Gardens* gekämpft hat, damit die Stadt endlich ihr Versprechen einlöst und die Asbestböden austauscht? Wie viel ist es wert, eine freiwillige Straßenreinigung organisiert zu haben und einen Nachbarschaftsdienst, der in Vierteln mit hoher Kriminalität Dienst schiebt und Wache hält? Doch, das waren kleine, wichtige Schritte, die ganz unmittelbar und positiv in das Leben von Menschen hineingewirkt haben. Aber eine Weltrevolution oder auch nur die innere Erneuerung Amerikas ließ sich so nun wirklich nicht auf den Weg bringen. Und es gab auch handfeste Misserfolge: Als Obama nach schlimmen Verbrechen konkurrierender Banden versuchte, einen Dialog zwischen Polizei und Eltern gefährdeter Teenager herzustellen, wurde er weder auf der einen noch auf der anderen Seite ernst genommen. Der Polizeichef ließ ausrichten, die Eltern sollten gefälligst ihre Kinder vernünftig erziehen, mehr könne er nicht für sie tun. „Bei meiner Arbeit, damals in Chicago, habe ich gelernt, dass jede Veränderung an der Basis anfängt und dass engagierte Bürger, die sich zusammentun, außergewöhnliche Dinge vollbringen können." So deutete Obama, etwas sehr salbungsvoll, seine Erfahrung als *community organizer*, als er im Januar 2007 seine Präsidentschaftskandidatur bekannt gab. Doch das ist eine gewaltsame und sehr einseitige Interpretation von Erfahrungen, die in Wirklichkeit gerade ihn selbst frustriert und desillusioniert haben. Viel ehrlicher war, was er an anderer Stelle sagte: Ihm fehlte die „Währung der Macht", also der Einfluss, der Name, das Geld, die Verbindungen, die soziale Stellung und so fort. Chicago hatte in diesen Jahren gerade den ersten schwarzen Bürgermeister bekommen; für die Schwarzen sollte nun alles besser werden. Doch an der Macht der Bürokratie und den Vorurteilen in den Köpfen hatte sich nichts geändert: „Macht hat Geduld, und Macht weiß, was sie will. Macht konnte die Protestrufe überdauern und die Gebete und die Lichterketten." Es war dieses Gefühl der Machtlosigkeit, das Obama dazu führte aufzugeben. Noch war er in einem Alter, in dem er zur *Graduate School* gehen und selbst den Eintritt in die Klasse der Mächtigen schaffen konnte. Aber mit jetzt knapp 27 Jahren war er für amerikanische Verhältnisse schon spät dran, und es wurde höchste Zeit. Er bewarb sich – was viel über sein Selbstverständnis schon damals sagt – gleich an der Harvard Law School, der besten und teuersten juristischen Fakultät Amerikas, deren Absolventen sicher sein können, hochbezahlte Jobs zu bekommen oder anderweitig herausragende Karrieren zu machen. Mit einem Harvard-Diplom in der Tasche kann nicht viel schiefgehen. Mit Zusage und Stipendium nahm sein Leben eine weitere, dramatische Wendung.

Kurz bevor er Chicago verließ, führte Obama eine Wendung anderer Art selbst herbei, eine, die er für sich niemals vorausgesehen hatte und noch wenige Jahre zuvor rigoros ausgeschlossen hätte: Er trat in die Kirche ein. Maßgeblichen Anteil an seiner Bekehrung hatte der Pastor der vornehmen schwarzen Gemeinde *Trinity United Church of Christ* in Chicago, Jeremiah Wright. Er hatte Obama durch die Arbeit in den Ghettos kennengelernt und das spirituelle Bedürfnis des jungen Mannes erkannt, ohne ihn allzu sehr zu bedrängen. Als er zum ersten Mal mit der Frage konfrontiert wurde, ob er nicht zur Kirche kommen wolle, wo die gemeinsame Arbeit der Woche als soziales Ereignis in etwa unter denselben Menschen fortgesetzt würde, schüttelte Obama noch den Kopf: „Ich habe das abgetan und war nicht fähig zuzugeben, dass ich nicht länger unterscheiden konnte zwischen Glaube und Verrücktheit, zwischen Glaube und Entschlossenheit. Ich habe schon die Aufrichtigkeit der Stimmen erkannt, die da zu mir sprachen, aber ich war doch immer noch widerwillig und skeptisch, auch im Zweifel über meine eigenen, wahren Motive, ablehnend gegen eine schnelle Bekehrung, weil ich viel zu viele Einwände gegen Gott hatte, als dass ich eine Rettung akzeptieren konnte, die so billig zu bekommen war." Doch der stete Tropfen höhlte den Stein. Das tägliche Zusammensein mit Menschen, die praktisch ausnahmslos an Gott glauben und Christen sind (wenn auch unterschiedlicher Konfessionen), die gemeinsame Mission, unglücklichen Menschen zu einem besseren Leben verhelfen zu wollen, all das hinterließ tiefe Spuren in dem Mann, der sich wieder einmal ausgeschlossen und nicht dazugehörig fühlte, diesmal aber selbst und frei entscheiden konnte, ob er sich den anderen anschließen wollte oder nicht. Kurz vor seiner Abreise aus Chicago ging Obama an einem Sonntagmorgen in einer feierlichen Aufnahmezeremonie durch den Mittelgang der geometrisch akzentuierten *Trinity*-Kirche und wurde Mitglied der *United Church of Christ*, einer der großen evangelischen Religionsgemeinschaften in den USA. Der Gospelchor in bunten Gewändern sang in diesem Moment: „I'm so glad! Jesus lifted me! I'm so glad!" Der Pastor hielt eine machtvolle Predigt über Verzweiflung und Mutlosigkeit als teuflische Kräfte, die alles zerstören und lähmen. Aufgabe des Christen sei das Gegenteil: Hoffnung leben. Und: aus der Hoffnung leben. Barack Obama liefen bei diesen Zeilen die Tränen über die Wangen. Etwas daran berührte ihn wie kaum etwas anderes zuvor in seinem Leben. Und er vergaß nie mehr den Titel dieser Predigt: „Hoffnung wagen!" Viele Jahre später nannte er so sein Buch über den Aufbruch Amerikas in die Zukunft.

Mit dem Umzug von Chicago nach Boston (die Harvard-Universität liegt zwar genau genommen in Cambridge, aber das ist praktisch ein Stadtteil von Boston) beschleunigte sich Barack Obamas Karriere über Nacht. Wären Politiker Aktien, auf die man Geld setzten könnte, wäre er zu diesem Zeitpunkt zwar immer noch ein Geheimtipp gewesen, aber doch schon auf den Radarschirmen der ersten Investoren aufgetaucht.

Doch zwischen Chicago und Boston legte Barack Obama einen Umweg ein, der noch einmal viel von seinem reflektierenden, stets um die eigene Identität ringenden Wesen verrät: Er flog

nach Kenia. Es ließ ihm keine Ruhe, große Teile seiner weitläufigen Verwandtschaft nie gesehen zu haben, darunter Halb-
schwestern, Halbbrüder und die Mutter seines verstorbenen
Vaters. Kurz vor dem großen Sprung nach vorn kehrte Barack
Obama noch einmal in die von Legenden und kindlichen Phan-
tasien umwobene Vergangenheit zurück, er nahm sie zum ersten
Mal selbst in Augenschein, voller Neugierde und Angst. Dass er
inzwischen einiges mehr über seinen Vater herausgefunden hatte, dass er nun wusste, dass der angeblich stets so lustige Mann
Alkoholiker war und seine spätere Familie in Afrika von der kenianischen Mittelklasse in die Slums von Nairobi hinabgeführt
hatte, all das machte die Reise nicht leichter. Auf fröhliche Stam-
mesfolklore und Heimatgefühle konnte er nicht hoffen. Er würde
als Fremder kommen und Scherben einer zerbrochenen Familie
sehen. Es konnte nichts anderes als eine schwierige Reise sein.

Dass die Reise von Amerika über Europa führte, war eher ein
Zufall und bot die Chance, im Stil amerikanischer Fastfood-Tou-
risten *Europe in ten days* auch noch mitzunehmen. Doch Europa
verstärkte nur die Sehnsucht nach etwas anderem: „Nach einer
Woche wusste ich, dass ich einen Fehler gemacht hatte. Nicht,
dass Europa nicht schön gewesen wäre, es war genau so, wie
ich es mir vorgestellt hatte. Aber es war nicht meines. Ich kam
mir vor, als würde ich die romantischen Vorstellungen anderer
Menschen ausleben; die Unvollständigkeit meiner eigenen Geschichte stand zwischen mir und den Plätzen, die ich sah, wie
eine Wand aus Glas. Mir kam die Vermutung, dass Europa für
mich nur ein weiterer Umweg war, ein weiterer Aufschub, um die
Auseinandersetzung mit meinem alten Herrn zu vermeiden."

In Obamas Erinnerungen nehmen die vier Wochen in Kenia
im Sommer 1987 mehr Raum ein als die drei Jahre in Chicago
unmittelbar zuvor. In Anspielung auf seine sowohl tiefschwar-

ze als auch hellweiße Herkunft sagt Barack Obama manchmal scherzhaft: „Ich habe Verwandte, die sehen so aus wie Bernie Mac, und Verwandte, die sehen aus wie Margret Thatcher." In Kenia traf er auf den Teil der Verwandtschaft, der dem pechschwarzen Komiker Bernie Mac bei weitem mehr ähnelt als der früheren britischen Premierministerin. Wie so oft in der Auseinandersetzung mit seiner eigenen Identität war er auch hier zwischen Fremdheits- und Heimatgefühlen hin- und hergerissen. Über Afrika wusste er im Grunde nicht mehr als das, was familiäre Anekdoten, unbekümmerte Reiseführer und theoretisierende Studienbücher hergaben. Dass er hier demselben, aber doch anders gelagerten Rassismus begegnete, überraschte ihn. Dass er hier zusehen musste, wie amerikanische Touristen liebedienerisch hofiert und mit entwürdigender Unterwürfigkeit umschmeichelt wurden, während man ihm die kalte Schulter zeigte, solange man ihn für einen gewöhnlichen, vielleicht etwas blass geratenen Kenianer hielt, das machte ihn wütend. Dass er hier auf seltsame Spuren einer amerikanisch-afrikanischen Rückkopplung stieß, in der die einst versklavten Brüder, die jetzt in Amerika lebten, beneidet wurden, das wollte er fast nicht glauben. Dass aber auch die Stimme Martin Luther Kings noch bis hierhin, bis in die abgelegenen Dörfer Kenias vorgedrungen war und Fotos von ihm in dankbarer Erinnerung an mancher Wand hingen, das schien ihm alles so widersprüchlich, dass man auch mit großer intellektueller Kraftanstrengung so schnell keinen recht Sinn darin erkennen konnte.

Doch gleichzeitig traf er hier dutzendweise auf Blutsverwandte, wenngleich es oft allen Beteiligten Mühe bereitete, die weitläufigen Verwandtschaftsgrade auszurechnen und richtig zu benennen. Da gab es Dorsila, das jüngste Kind von Obamas Ur-ur-Großvater, eine steinalte Frau, die das westliche Klischee unwissender Buschneger auf das Schönste erfüllte und Barack Obama erst einmal fragte, was das für ein Zauberwerkzeug sei, auf das er da mit dem Finger knipste und schon komme eine kleine Flamme heraus. Das war vielleicht amüsant, aber dieselbe Frau konnte auch noch die alten Geschichten erzählen, wie sie sie als Kind über die Weißen gehört hatte, noch bevor sie die ersten selbst sah, und wie die Weißen kamen und Angst und Schrecken verbreiteten. Da gab es Stiefgeschwister und Stiefgroßmütter, Nichten, Neffen, Cousins und Cousinen. Barack Obama erlebte diese Begegnungen mit Staunen und Befremden, „der eigenen Sprache und Sicherheit beraubt", aber auch mit einem ungekannten Gefühl sozialer Nestwärme, wenn er ein ums andere Mal als der Sohn des alten Barack Obama erkannt oder vorgestellt wurde: „Zum ersten Mal in meinem Leben habe ich die Geborgenheit und Unterstützung gespürt, die von einer Identität ausgeht, die man durch einen Namen hat, wie so ein Name eine ganze Geschichte in sich tragen kann im Gedächtnis anderer Menschen, die dann nicken und sagen: ‚Oh, Sie sind der Sohn von Soundso.' Niemand hier in Kenia fragte mich, wie mein Name geschrieben wird, niemand sprach ihn falsch aus. Mein Name gehörte hierhin, und deshalb gehörte ich hierhin, plötzlich hineingezogen in ein Netz aus verwandtschaftlichen Beziehungen, Verbindungen und Kreisen, die ich noch nicht ganz verstand." Man hört leicht aus diesen Worten heraus, welchen enormen Eindruck diese Begegnungen auf den damals 26-Jährigen gemacht haben.

Kein Eindruck war allerdings so stark wie der am Grab seines Vaters. Zum ersten Mal in seinem Leben wurde er hier von seinen Gefühlen regelrecht überwältigt. Noch die Nachricht vom Tod des Vaters, die ihn eines Abends als Student in New York durch einen Anruf seiner Tante aus Kenia erreicht hatte, hatte bei ihm alle nur denkbaren diffuse Gefühle, aber keine heftige Trauer ausgelöst. Jetzt, am Grab, rollten die Tränen. Und Barack Obama fand, wie er selber meinte, die Antwort auf die komplizierte Frage nach seiner Herkunft, nach seinem Platz in dem seltsamen

Beziehungsgeflecht zwischen zwei Kontinenten und Kulturen: „Als meine Tränen endlich getrocknet waren, überkam mich eine große Ruhe. Ich hatte das Gefühl, dass der Kreis sich geschlossen hatte. Ich begriff, dass wer ich war und was mir wichtig war, keine Frage des Intellekts und keine Aufgabe ist und nicht länger eine Konstruktion aus Wörtern war. Ich sah, dass mein Leben in Amerika – das schwarze Leben, das weiße Leben, das Gefühl des Verlassenseins, das ich als Junge empfunden hatte, die Hoffnung und die Enttäuschung, die ich in Chicago erlebt hatte – dass all dies in Verbindung stand mit diesem kleinen Flecken Erde, einen Ozean entfernt, und es war nicht nur zufällig damit verbunden durch einen Namen oder meine Hautfarbe. Mein Schmerz war der Schmerz meines Vaters. Meine Fragen waren die Fragen meiner Brüder. Ihr Kampf hatte zu meiner Geburt geführt." Kurz nach dem Besuch am Grab des Vaters reiste Barack Obama ab. Wenige Wochen später begann er sein Studium an Amerikas bester und vornehmster Universität.

Auch in Harvard kam Obama als jemand an, der anders war als die meisten anderen. Das lag aber jetzt weniger an seiner Hautfarbe, wiewohl er als Schwarzer hier zu einer kleinen Minderheit von Studenten zählte. Aber was ihn tatsächlich von seinen Kommilitonen unterschied, das war seine Reife und Lebenserfahrung. Er war mit 27 drei, vier Jahre älter als die meisten anderen Studienanfänger an der Harvard Law School, und wichtiger noch: er hatte schon etwas anderes vom Leben gesehen als Klassenzimmer und Hörsäle, während die meisten Jurastudenten, die hier ankamen, ohne Umweg die Schnellstraße durch die privaten High Schools und Colleges genommen hatten. In New York hatte er gelernt, sich allein und mit wenig Geld in einer schwierigen Stadt durchzuschlagen; in drei Jahren in Chicago hatte er gelernt, wie man selbst etwas auf die Beine stellt, wie man gegen Bürokratie und Ignoranz kämpft, wie man verliert und es noch einmal versucht. Auch im konkurrenzgeprägten Kreis der begabtesten jungen Köpfe Amerikas waren diese Erfahrungen von unschätzbarem Wert.

Hinzu kam die neu gewonnene Entschlossenheit, ein guter Student zu sein und keine Chance zum Erfolg auszulassen. Mit einer Disziplin, die er früher nicht aufgebracht hätte, grub sich Barack Obama mehrere Stunden täglich in der Bibliothek ein und lernte verbissen. Wie schon in New York und Los Angeles verbrachte er mehr Zeit allein als andere, aber er schloss auch wertvolle Freundschaften. Dass er sich den Schwarzen auf dem Campus besonders verbunden fühlte, dass er ihre Nähe suchte und in jeden Verband schwarzer Studenten und Aktivisten eintrat, den es in Harvard gab, war nicht anders als früher. Aber jetzt suchte er darüber hinaus auch den Kontakt zu Weißen, die ihm sympathisch waren, und ging ihnen nicht, wie früher am Occidental College, in Angst und Abneigung aus dem Weg. Der Eindruck, den er dabei auf die anderen Studenten machte, war vom ersten Tag an außergewöhnlich: „Er hatte eine Reife, die seinem Alter noch einmal voraus war, das zeigte sich in der Art, wie er Dinge anpackte", erzählt Michael Froman, damals Obamas Kommilitone und später Mitarbeiter der Clinton-Regierung. „Ich habe Leute gesehen, die viel älter und erfahrener waren, die ähnliche Qualitäten aufbrachten wie Barack. Aber er hatte das in seinen Zwanzigern. Dieses Temperament und diesen Stil hat er eindeutig weit vor seinen Altersgenossen entwickelt." Die Reaktionen der Professoren in den ersten Wochen und Monaten waren nicht viel anders. Lawrence Tribe, einer der bekanntesten linken Gelehrten der USA, wurde gleich auf Barack Obama aufmerksam und machte ihn zur Hilfskraft an seinem Lehrstuhl. Tribe bezeichnete ihn später als „den erstaunlichsten Mitarbeiter, den ich je hatte".

Während andere das politische Potential des jungen Mannes schon erkannten, stürzte sich Barack Obama erst einmal in den politischen Mikrokosmos Harvard. Schwarze Studenten waren zu dieser Zeit schon eine Selbstverständlichkeit, aber in der Fakultät waren Afroamerikaner fast nicht präsent, was Anlass für immer neue Proteste, Eingaben und Streitereien gab. Obama engagierte sich unter anderem im „Verband schwarzer Jurastudenten in Harvard", wo er schnell eine Führungsrolle übernahm und auf Versammlungen leidenschaftliche Reden hielt. Erst im Rückblick wird klar, dass diese Zeit für den Rhetoriker Barack Obama wie ein Trainingslager war. Hier konnte er die zentralen Denkfiguren seiner idealistisch eingefärbten Weltsicht zum ersten Mal an den Mann bringen, ihren Wert testen, Schwächen erkennen, Kanten abschleifen und Korrekturen vornehmen. Seine zentrale Botschaft war schon damals die Notwendigkeit, Amerika im Innern wieder zu vereinen, letztlich noch einmal ganz neu zu gründen, aber diesmal kraftvoll vereint, ohne den Makel von Rassentrennung, Diskriminierung und Misstrauen. Der Anspruch hätte größer gar nicht sein können und ging glatt über die Köpfe der Zuhörer hinweg, wenn er beim jährlichen Gala-Dinner der schwarzen Studenten solche Reden hielt. Aber ein Schuss handfester Pragmatismus, den er aus Chicago mitgebracht hatte, also die viel konkretere Frage, wo dieses epochale Projekt beginnen soll, war immer mit im Spiel. Das Privileg einer Harvard-Ausbildung – so redete der Student Obama seinen Kommilitonen ins Gewissen – bringe eine große Verantwortung mit sich, denen, die weniger Glück im Leben hatten, zu helfen; ausdrücklich bezog er diesen Gedanken auch auf den künftigen Wohlstand der Harvard-Juristen, der eine Verpflichtung sei, etwas davon an die Gesellschaft zurückzugeben. „Inspirierend" und „feurig" nennen manche seiner damaligen Zuhörer im Rückblick diese ersten öffentlichen Reden vor größerem Publikum. Der predigthafte Ton des Spätkonvertiten war unüberhörbar.

Doch so leidenschaftlich damals auch auf dem Campus in Boston um Gleichberechtigung und Aussöhnung von Schwarzen und Weißen gerungen wurde, das dominante Thema war damals ein anderes: Ist Harvard zu links? Ist Amerikas beste Universität zugleich die Bastion der amerikanischen Linken geworden? Tobt hier ein Kulturkampf zwischen den alten Traditionalisten und den linksliberalen Reformern? Werden Republikaner hier benachteiligt, und nur Demokraten unter den Studenten und Professoren kommen nach oben? Darüber wurde erbittert gestritten. Die Grenzen in der Studentenschaft und der Fakultät verliefen allem Anschein zum Trotz gar nicht zwischen Schwarz und Weiß, sie verliefen zwischen links und rechts. Barack Obamas flammende Appelle an Aussöhnung und Einigkeit bekamen so ganz von allein eine andere Note. Was im engeren Sinne auf Rasse und Hautfarbe gemünzt war, ließ sich mühelos neu interpretieren als ein umfassender Aufbruch zu einer Überwindung all dessen, was trennte und polarisierte, was dem menschlichen Miteinander und der kreativen Problemlösung im Wege stand. Barack Obama erwies sich als gescheit und anpassungsfähig. Er verstand es, seine Rhetorik rasch einem neuen Publikum und einem größeren Kontext anzupassen. So entstanden die Muster seiner Reden, auf die er bis heute zurückgreift.

Noch einmal kehrten die Debatten um die schwarze Identität auf den Campus zurück: Auf dem Höhepunkt der Auseinandersetzungen um eine neue Sprache, die jetzt, Ende der achtziger Jahre, absolut „politisch korrekt" sein sollte, also sachlich richtig und dabei zugleich vieldimensional sensibel, wurde die Frage diskutiert, ob das Wort „Schwarze" noch länger akzeptabel sei und nicht richtiger und fairerweise durch *African Americans*, also etwa: Afroamerikaner, ersetzt werden sollte. Barack Obama, der mutmaßlich einzige Diskutant, der selbst schon einmal in Afrika war und zudem einer, dessen afrikanische Wurzeln noch ganz frisch waren, bezog klug und klar Stellung. Es war eine seiner fulminantesten Reden auf dem Campus. Es war, als spräche da jemand ein altkluges Machtwort, um den sinnlosen

Streit eifernder Hitzköpfe zu beenden. Cassandra Butts, eine Kommilitonin und Freundin, hat die entscheidenden Sätze so in Erinnerung behalten: „Ob man uns Schwarze oder Afroamerikaner nennt, macht nicht so einen wahnsinnig großen Unterschied im Leben der Menschen, die Tag für Tag hart arbeiten, in Chicago, in New York. Dadurch wird sich ihr Leben nicht verändern. Wie wir unsere Bildung in den nächsten Jahren nutzen, um das Leben dieser Menschen zu verbessern, das ist es, was dazu beitragen kann, aus den USA einen gerechteren Ort zu machen. Und das hat dann auch eine Bedeutung für das Leben dieser Menschen." Es war nicht nur eine Ermahnung an die Mitstudenten in Harvard, es war auch der Appell an die schwarzen Aufsteiger in Amerika, endlich damit aufzuhören, sich nur mit sich selbst zu beschäftigen. Es war ein Appell zur Tat.

Doch das alles waren, so intensiv sie von den Beteiligten auch erlebt wurden, lokale Ereignisse, die außerhalb des Campus keinen Menschen interessierten. Viel weitreichendere Konsequenzen als die leidenschaftlichen, klugen Reden hatte im Laufe des ersten Jahres ein unscheinbares Ereignis, das für sich genommen wenig Ruhm und Erfolg versprach, Barack Obama aber in kürzester Zeit ins Scheinwerferlicht der nationalen Öffentlichkeit brachte, wenigstens vorübergehend. Aufgrund hervorragender Noten und Empfehlungen seiner Professoren wurde Obama ins Team der *Harvard Law Review* aufgenommen, einer – förmlich betrachtet – nur studentischen, tatsächlich aber höchst anspruchsvollen und überall in den USA vielbeachteten juristischen Fachzeitschrift, in der auch angesehene Professoren publizieren und manche Debatte austragen. Etwa 75 Studenten arbeiteten neben ihrem Studium in der Redaktion, einmal im Jahr wählten sie einen Chefredakteur, den „President of the *Harvard Law Review*". Nachdem Ende der achtziger Jahre die Minderheit konservativer Studenten in Harvard an Einfluss gewonnen hatte, wurden in der

Redaktion erbitterte Kämpfe um die politische Ausrichtung der Zeitschrift ausgetragen. Als für das akademische Jahr 1990/91 ein neuer Chefredakteur gewählt werden sollte, eskalierten diese Auseinandersetzungen in einem internen Wahlkampf, den alle Beteiligten als äußerst brutal und in Anbetracht des Amtes, um das es ging, auch als übertrieben und unverhältnismäßig in Erinnerung behielten. Es gab 19 Kandidaten, und die sehr basisdemokratisch organisierten Wahlgänge, in denen sich das Kandidatenfeld nur ganz allmählich verkleinerte, zogen sich über fast 24 Stunden hin. Barack Obama hatte ursprünglich wenig Interesse an einer Kandidatur, weil er nicht sah, inwieweit ihm dieses Amt nützen würde, doch wurde er von Freunden gedrängt anzutreten. Und er gewann. Entscheidend war, dass er als Einziger auch auf die Unterstützung der Moderaten und Konservativen zählen konnte. Brad Berenson, einer der Konservativen, erinnert sich an die Wahl: „Barack stand immer schon ein bisschen über diesen Kontroversen und Spaltungen. Er machte keinen Hehl daraus, dass er ein Linker war, aber er schien nicht so parteiisch, dass er sich mit einem ideologischen Grüppchen in der *Review* gemein gemacht hätte, um das andere ideologische Grüppchen in der *Review* fertigzumachen. Er war reifer, vernünftiger und offener. Wir hatten das Gefühl, und ich glaube, das hat sich dann auch in seiner Präsidentschaft bestätigt, dass es ihm wirklich wichtig war zu hören, was die Konservativen zu sagen hatten und was sie dachten, dass er sich ihre Ideen offen anhören würde. Und deshalb war für uns die Vorstellung, Barack als Präsidenten zu haben, viel angenehmer als manch andere Option." So verhalfen ausgerechnet die Konservativen einem Schwarzen zu dem prestigeträchtigen Amt, und die Nachricht machte kurz darauf Schlagzeilen, nicht nur in der örtlichen Studentenzeitung, sondern auch in der *New York Times*: „Die *Harvard Law Review* bekommt nach 104 Jahren ihren ersten schwarzen Präsidenten", lautete die Überschrift in der bedeutendsten amerikanischen Tageszeitung. Überall in den USA lasen Zeitungsleser an diesem Tag zum ersten Mal den seltsamen Namen Barack Obama. Dutzendfach ließen berühmte Anwälte und Kanzleien an diesem Tag in Harvard anrufen, um ausrichten zu lassen, man würde den jungen Mann gern jederzeit zu einem Praktikum, einem unverbindlichen Kennenlernen oder gleich zur Mitarbeit einladen. Eigentlich hatte sich wenig verändert. Barack Obama war immer noch Student, so wie tags zuvor. Aber er war über Nacht zu einem prominenten Schwarzen in den USA geworden. Noch einmal: Wenn Politiker Aktien wären, dann wäre Barack Obama an diesem Tag auf dem Bildschirm aller wichtigen Analysten, Fondmanager und Investoren aufgetaucht. Man konnte es sich einfach nicht länger leisten, diesen aufstrebenden Mann unbeachtet zu lassen. Oder wie der demokratische Senator Dick Durbin wenig später sagte: „Jede Investition in die neue Aktie mit dem Namen Barack Obama ist eine solide Anlage in Amerikas politischer Szene."

Die Verwaltung des neu gewonnenen Ruhms war anstrengend, das Amt im Übrigen auch, denn der „Präsident" musste ja fortwährend die Konflikte schlichten, die das Redaktionsklima bestimmten, wobei er sich bald bei seinen linken Freunden den guten Ruf ruinierte, indem er Ämter paritätisch besetzte und den Konservativen neue Mitspracherechte gab. Auf Dauer tat das freilich allen Beteiligten gut, der Zeitschrift auch. Mit den Schwarzen verscherzte er es sich zwischenzeitlich allerdings auch, als ihre Hoffnungen auf wichtige Posten und Ämter durch die Hilfe eines der ihren enttäuscht wurde. Ihr Vorwurf, dass Barack Obama sich seit seiner Wahl so auffallend verändert habe, war gehässig, aber auch nicht ganz falsch. Denn tatsächlich hatte der unerwartete Erfolg, vor allem auch die enorme Aufmerksamkeit durch die Medien, hatte überhaupt das ganze Interesse an seiner Person sein Selbstwertgefühl grundlegend verändert und mit Blick auf Berufs- und Lebensziele gedankliche Kettenreaktionen ausgelöst. Plötzlich dachte Barack Obama groß, ganz groß, er wollte Politiker werden, und er hatte auch ein Amt ins Auge gefasst, das für einen Studenten in schier unerreichbarer Ferne lag: Er wollte eines Tages Bürgermeister von Chicago werden. Noch weiter dachte er vorläufig nicht. Nur sein akademischer Lehrer Lawrence Tribe sah, dass Barack Obamas Aufstieg keine natürlichen Grenzen gesetzt sind: „Das ist ein Kerl, von dem ich hoffe, dass er mal Präsident wird."

Barack Obama machte nach dem ereignisreichen Jahr in Harvard erst einmal Pause von Ruhm und Studium, kehrte nach Chicago zurück und absolvierte in einer der besten Kanzleien der Stadt, die heute „Sidley Austin" heißt, ein Sommerpraktikum. Trotz der hochkarätigen Adresse wäre diese Station in seinem auch sonst hochkarätigen Lebenslauf nicht mehr als eine Fußnote wert, wenn er hier nicht schon wieder einen unerwarteten Erfolg verbucht hätte, genau genommen einen, der sein Leben viel nachhaltiger und radikaler verändern sollte als der plötzliche Aufstieg in den studentischen Rängen der Harvard-Universität: Eine Frau namens Michelle Robinson, Anwältin in derselben Kanzlei, verliebte sich nach einigem Zögern und Zweifeln in Barack Obama. Natürlich kann man das auch umgekehrt ausdrücken, also Michelle Robinson seine „Auserwählte" nennen, was sehr amerikanisch wäre, denn hier geht es – auch unter Linken und Liberalen – in der Eheanbahnung äußerst altmodisch zu, und der Mann muss zu gegebener Zeit auf die Knie und einen Heiratsantrag machen, und die Frau muss darauf warten, bis er endlich fragt, und wenn er fragt, dann soll sie begeistert und gerührt Ja sagen, und dann ist das alles fast so, als habe der Mann in großzügig-gönnerhafter Gutsherrenmanier das junge Ding auserkoren, seine Gemahlin zu werden. Barack Obama ging auf die Knie, so viel Tradition muss sein, aber davon abgesehen, begegneten sich doch hier vom ersten Augenblick an zwei sehr selbstbewusste Menschen mit schon sehr beeindruckenden Lebensläufen und Karrieren. Michelle Robinson war sogar schon einen großen Schritt weiter als Barack Obama. Sie war längst fertige Anwältin in einer Spitzenkanzlei, und sie wurde bei „Sidley Austin" als Mentorin für den mit Spannung erwarteten Harvard-Praktikanten abgestellt. Wer die Idee hatte, die beiden so zusammenzubringen, ist nicht bekannt; es soll sich aus den Zufällen der kanzleiinternen Aufgaben und Abläufe ergeben haben. Das mag sein. Doch es könnte auch sein, dass jemand in Form eines unbewussten oder halbbewussten Rassismus ganz einfach dachte, dass beide gut zusammenpassen: Außer Michelle Robinson und ihrem Praktikanten waren alle in der Kanzlei weiß.

Barack Obama war also, schon von Berufs wegen sozusagen, in der schwächeren Position, als sie sich kennenlernten. Für ihn, sagt er heute, war es Liebe auf den ersten Blick. Sie dagegen war anfangs sehr gegen ihn eingenommen. Das fing schon damit an, dass ihr die Vorschusslorbeeren des Harvard-Juristen ein bisschen zu viel des Guten waren. Und auch der erste Eindruck, den er machte, haute sie nicht gerade um. Im Gegenteil, sie versuchte zunächst, ihn mit einer Freundin von ihr zu verkuppeln, was aber misslang. Und dass die letzten Details, wie sich das alles so schnell änderte, nicht bekannt sind (wenigstens bislang nicht), ist ja recht sympathisch. Bekannt ist, dass beide am Ende des Sommers ein festes Paar waren, vor dem kleinen Publikum ihres beruflichen und sozialen Umfeldes sogar so etwas wie ein „Traumpaar", über das viel geredet und getratscht, das aber auch von fast allen bewundert wurde. Auch ist nicht klar, inwieweit Barack Obama damals voraussah, wie sehr ihn die Beziehung zu Michelle Robinson in völlig andere soziale Kreise hineinziehen und seine Identität als Schwarzer in Amerika in einen völlig neuen familiären Zusammenhang stellen würde. Ihm dabei ein kaltes politisches Kalkül zu unterstellen, wäre aber sicher genauso falsch, wie es naiv wäre, die soziale und ethnische Komponente dieser Bindung zwischen zwei farbigen Aufsteigern völlig zu übersehen. Erst viel später, im Grunde erst mit dem Beginn seines Präsidentschaftswahlkampfes am Anfang des Jahres 2007, mit dem auch die potentielle First Lady in den Blickpunkt des öffentlichen Interesses rückte, wurden Bedeutung und Wert dieser Beziehung in ihrem ganzen Ausmaß klar. Vorläufig hatten Michelle Robinson und Barack Obama mit praktischen Problemen zu kämpfen. Für zwei Jahre mussten sie über die Distanz zwischen Boston und Chicago eine Fernbeziehung führen, was wegen der schon damals großen Arbeitsbelastung beider eher schlecht als recht ging. Aber auch nach den zwei Jahren waren sie noch ein Paar, und 1990 fügte sich Barack Obama ins amerikanische Ritual, einen Heiratsantrag zu machen. Und Michelle Robinson fügte sich in die Tradition, überrascht und gerührt Ja zu sagen.

Im Vergleich zu den spektakulären Entwicklungen im und kurz nach dem ersten Jahr in Harvard verliefen die folgenden beiden Jahre in Boston ohne nennenswerte Veränderungen. Barack Obama war immer noch Jurastudent, durchlief sehr erfolgreich Kurse und Klassenstufen, er hatte immer noch eine Visitenkarte mit dem etwas kuriosen, aber auch wahnsinnig prestigeträchtigen Titel *President of the Harvard Law Review* und mischte an vielen Stellen auf dem Campus als Diskutant, Wortführer und Streitschlichter mit. Er war eine große Nummer in der kleinen Welt von Harvard, doch in den letzten Semestern war er gedanklich vielleicht schon nicht mehr ganz da. Er hatte jetzt Pläne, ehrgeizige Ziele, er hatte jetzt eine günstige Startposition für eine berufliche, vielleicht auch politische Karriere, er hatte jetzt eine Lebensgefährtin gefunden, mit der er eine Familie gründen wollte. Harvard war schon wieder Vergangenheit, auch wenn er noch hier war, so wie Hawaii und Los Angeles und New York und Chicago immer schon Vergangenheit waren, bevor Barack

Obama tatsächlich ging. So ist das im energischen Vorwärtsdrang dynamischer Menschen; der nächste Schritt ist immer schon mitgedacht. Harvard musste jetzt nur noch mit Anstand über die Bühne gebracht werden. Alles, was es hier zu gewinnen gab, hatte er schon gewonnen. Als er im Sommer 1991 mit „magna cum laude" graduierte, war das nicht die Bestnote, aber ein hervorragendes Examen. Die Welt, wie man so sagt, stand Barack Obama ab jetzt offen.

In einer Entscheidung, die für ihn wesenstypisch war, nahm er auch jetzt, da die Karten verteilt waren, er alle Trümpfe in der Hand hielt und sein voller politischer Ehrgeiz geweckt war, nicht den kürzesten Weg nach oben, sondern legte ganz bewusst einen weiteren kleinen Umweg ein. Statt in Chicago Beruf und Politik gleich zu verbinden, als Anwalt einer erstklassigen Kanzlei erstklassiges Geld zu verdienen und als Parteifunktionär wertvolle Kontakte zu knüpfen, arbeitete Barack Obama nach der Rückkehr aus Neu-England wieder an einem ambitionierten Basisprojekt, diesmal allerdings mit einem schon deutlich politischeren Akzent: *voter registration drive*, heißt es im amerikanischen Englisch. Die kürzeste, wenngleich immer noch umständliche Übersetzung würde vielleicht lauten: Wählermobilisierungsprojekt.

Dazu muss man sich klarmachen, dass es in den USA keine Meldepflicht und keinen Personalausweis gibt, dass also die Erstellung zuverlässiger Wählerlisten, die Überprüfung der Wahlberechtigten und die Bearbeitung aller Wählerdaten überhaupt mit fundamentalen Schwierigkeiten behaftet ist. Man muss ferner wissen, dass es aus diesem Grund die Hilfskonstruktion der vorzeitigen und obligatorischen „Wählerregistrierung" gibt, die sicherstellen soll, dass diejenigen, die am Wahltag ins Wahllokal kommen oder vorab ihre Stimme per Briefwahl abgeben wollen, auch tatsächlich wahlberechtigt sind und im Übrigen auch ihrerseits im Bilde sind, wann, wie und wo sie ihre Stimme abgeben müssen. Und schließlich muss man wissen, dass all dies, also die Registrierung in Listen, die bürokratische Überprüfung der Wahlberechtigten und die Regelungen der tatsächlichen Stimmabgabe am Wahltag zu den traditionsreichsten Instrumenten rassistischer Diskriminierung in den USA gehören. Denn natürlich gibt es auf diesem bürokratischen Weg für die lokalen Beamten viele Möglichkeiten, Wahlwillige mindestens zu entmutigen, ihnen Steine in den Weg zu legen, sie zu behindern und hinzuhalten, wenn nicht gar, wie es heute sicher nur noch die seltene, kriminelle Ausnahme ist, aber bis vor 40 Jahren in Teilen der USA Normalität war, schwarze Wähler mit Drohungen und Einschüchterungen von den Wahlen fernzuhalten. Hinzu kommt etwas anderes: So lang und schlimm die Tradition ist, dass Schwarze in den USA am Wählen gehindert werden, so problematisch ist auch, dass viele Schwarze auch dann nicht wählen gehen, wenn man ihnen den Weg ebnet, ihnen die Ängste nimmt und bürokratische Hilfestellung leistet. 62 Prozent der wahlberechtigten Weißen gaben bei den letzten beiden Präsidentschaftswahlen ihre Stimme ab, aber nur 57 Prozent der Schwarzen. Der Unterschied mag undramatisch klingen, aber er war bei beiden Wahlen ausschlaggebend: Da George W. Bush beide Wahlen nur knapp gewonnen hat, die erste sogar äußerst knapp mit einem nur noch juristisch entscheidbaren Stimmenpatt in Florida, hätte eine auch nur geringfügig höhere Wahlbeteiligung der Schwarzen (die im Jahr 2000 zu 92 Prozent und im Jahr 2004 zu 89 Prozent gegen Bush stimmten) mühelos das Ergebnis auf den Kopf gestellt, und die amerikanische Geschichte am Beginn des 21. Jahrhunderts wäre anders verlaufen. Wahlkampfstrategen der Demokraten rechnen schon seit Jahrzehnten vor, welche Wahlen man gewonnen hätte oder demnächst gewinnen könnte – vom Dorf-Sheriff über den Gouverneur bis zum Präsidenten –, wenn es doch nur gelingen würde, die Schwarzen in größerer Zahl zu mobilisieren. Alle vier Jahre wird es wieder versucht. Alle vier Jahre werden die Erwartungen enttäuscht.

1991 versuchte sich auch Barack Obama an dieser Aufgabe, die natürlich nicht nur wahltaktische Bedeutung hat, sondern den Kern des Selbstvertrauens schwarzer Amerikaner berührt, denn das Wahlrecht in den USA ist ihnen ja nicht zugefallen, es musste erkämpft werden, und das sogar mehrfach, erst im Streit um den 15. Verfassungszusatz, der das Wahlrecht der Bürger unterschiedlicher Hautfarbe festschreibt, dann aber noch einmal in den Bürgerrechtskämpfen der 1960er Jahre, als es darum ging, die Theorie des Wahlrechts nun endlich auch in den Südstaaten in die Praxis umzusetzen, mit gewaltfreiem Widerstand, aber auch gegen die ständige Bedrohung durch reale Gewalt. Dass Menschen für das Wahlrecht der Schwarzen gestorben sind, ist in diesem Sinne keine Übertreibung; und dass das relative politische Desinteresse der Schwarzen somit ihre eigene Geschichte und Identität abwertet, ist ein Problem, das über vermeidbare Wahlniederlagen weit hinausgeht.

Das alles wusste Barack Obama, und er wusste auch, dass es nicht leicht würde, in den Schwarzen-Ghettos von Chicago verarmte Afroamerikaner für den bürokratischen Weg zur Wählerregistrierung zu gewinnen. Aber er brachte diesmal außer dem alten Idealismus neue Fertigkeiten mit. Was er als Sozialarbeiter in Chicago Jahre zuvor gelernt hatte, aber auch, was er als Jurist von Staat und Bürokratie verstanden und als studentische Führungsfigur über den Umgang mit Skeptikern gelernt hatte, brachte er ein, als er das durchaus mutige und nicht sehr vielversprechende *Illinois Project Vote* startete. Er organisierte die Tür-zu-Tür-Kampagne in den Vierteln, in denen man das größte ungeschöpfte Wählerpotential der Demokratischen Partei vermutete, er redete den potentiellen Wählern zu und erklärte ihnen ihre Bedeutung für die nächste Wahl, er sorgte für die Finanzierung und Gestaltung von Werbung und Fernsehspots, er verhandelte mit Behörden, erledigte Papierkram, schrieb Eingaben und Widersprüche, legte sich mit Behörden an und beobachtete seinen – vorläufig rein statistischen – Wähler- und Stimmengewinn mit dem Ehrgeiz eines Kaufmanns, der zum Quartalsende sein Geld zählt. Knapp 150 000 neue Wähler brachte das Projekt schließlich im Laufe eines Jahres auf die Beine. Und obwohl der Erfolg solcher Kampagnen, zumal der Erfolg für eine bestimmte Partei, naturgemäß schwer messbar ist (Wer hätte sich vielleicht auch ohne die Ermutigung und Hilfestellung der Projektgruppe für die nächste Wahl registrieren lassen? Wer von den Neu-Registrierten hat am Ende doch nicht gewählt? Wer hat gewählt, aber überraschend doch anders abgestimmt, als man erwartet hätte?), glaubt man, dass der von Barack Obama geführte *voter registration drive* ganz konkrete Auswirkungen auf mindestens zwei wichtige Wahlergebnisse hatte: Die Demokratin Carol Moseley Braun wurde mit Hilfe der Stimmen aus Chicagos Schwarzen-Ghettos Senatorin des Staates Illinois und war zugleich die erste schwarze Frau im US-Senat überhaupt. Nicht weniger wichtig: Bill Clinton gewann 1992 bei der Präsidentschaftswahl knapp die Mehrheit in Illinois – der vielleicht entscheidende Baustein seines Wahlsieges über George H.W. Bush. Barack Obama hatte einen kleinen Anteil daran, und die Demokratische Partei nahm ihn zum ersten Mal zur Kenntnis. Denn natürlich war „Illinois Project Drive" trotz des allgemeinen Anspruchs, Wahlberechtigte registrieren zu wollen, auch als Wahlhilfe für die Demokraten gemeint. Obama wollte den Schwarzen in den Armenvierteln helfen, sich politisch zu artikulieren, und er wollte den Politikern helfen, die er für unterstützenswert hielt. Und schließlich wollte er auch den Beweis erbringen, dass die notorisch niedrige Wahlbeteiligung von Schwarzen aus den inneren Stadtvierteln kein Naturgesetz ist, sondern dass man daran etwas ändern kann, wenigstens in einem gewissen Maß. So gesehen war das Wählermobilisierungsprojekt des jungen schwarzen Harvard-Juristen keine sonderlich prestigeträchtiger, aber ein bemerkenswerter Erfolg.

Dieser Erfolg stärkte sicher sein Selbstvertrauen und brachte ihn der eigenen politischen Karriere wieder ein entscheidendes Stück näher, ob es ihm selbst bewusst war oder nicht. Aber mehr noch vertieften sich in diesen Jahren die verstörenden Einblicke in die trostlose Lebenswelt der schwarzen Unterschicht, die Amerikas *Upper Middle Class* aus der eigenen Wahrnehmung gern und vollständig ausblendet, wenn es nicht gerade um die neusten Morde im Ghetto geht, die über die lokalen Abendnachrichten dann doch den bessergestellten Teil der amerikanischen Gesellschaft erreichen und das übliche Kopfschütteln auslösen, bevor man sich wieder ratlos abwendet. Den erwachsenen Obama scheint die Begegnung mit dieser Welt und Kultur, die auch ihm fremd und nicht Teil seiner Herkunft war, beim zweiten Mal mehr erschüttert zu haben als beim ersten Versuch, in Chicago als junger Sozialarbeiter mit Anfang zwanzig die Welt ein Stück besser zu machen. „Überall in den südlichen Stadtvierteln", notierte Obama 1995 traurig und ratlos über die zweite Begegnung mit den Menschen in Chicagos Unterschicht, „fand ich die Anzeichen des Niedergangs beschleunigt. Die Viertel waren hässlicher geworden, die Kinder gereizter und weniger unter Kontrolle, immer mehr Familien der unteren Mittelschicht zogen weg und flohen in die Vororte, die Gefängnisse waren voll mit glühenden Jugendlichen, und für meine Brüder gab es keinerlei Perspektive mehr." Das aufwendige und ehrgeizige Projekt, erkannte Obama erstmals mit Selbstzweifeln und einem für ihn eher untypischen Pessimismus, mochte den Demokraten nützliche Stimmen eingebracht und ihm selbst beim politischen Karrierestart ein wenig auf die Sprünge geholfen haben. Doch es hatte sicher nichts an den Lebensumständen der Schwarzen auf Chicagos South Side geändert. Sie waren als Wähler gebraucht und zu diesem Zwecke mobilisiert worden, sicher im Interesse der Partei und der Politiker, vielleicht auch in ihrem eigenen Interesse; als man sie nicht mehr brauchte, ließ man sie in ihrem Elend zurück. An dieser Wahrheit konnte man nicht vorbeisehen.

Nach der Parlaments- und Präsidentschaftswahl im November 1992 beendete Obama das Projekt und begann nun seine Arbeit als Jurist (ein obligatorisches Referendariat wie in Deutschland gibt es in den USA nicht, stattdessen kann die Zulassung als Anwalt im jeweiligen Bundesstaat nach erfolgreichem Jura-Studium mit einer wenig aufwendigen Zusatzprüfung schnell erlangt werden). Angebote der besten Kanzleien des Landes hatte er schon bekommen, als er noch nicht einmal sein Examen hatte, durch die Medien-Berichterstattung über ihn als ersten schwarzen Präsidenten der *Harvard Law Review* aber schon landesweit bekannt geworden war. „Sie sind der 647. Anrufer. Sie können Ihren Namen und Ihre Telefonnummer hinterlassen", hatte man Judson Miner, dem Seniorchef von Miner, Barnhill & Galland gesagt, als er im Redaktionsbüro der *Law Review* anrief, um den Studenten anzuwerben. Auch wenn das übertrieben sein mag oder die Zahl in Miners Erinnerung im Laufe der Jahre immer weiter gestiegen ist – richtig ist, dass Obama sich schon am Ende seiner Zeit in Harvard vor Angeboten nicht mehr retten konnte, sich aber sehr schnell für Miner, Barnhill & Galland entschied. Das ist deshalb interessant, weil sich kaum ein Karriere-Jurist mit großem Ehrgeiz und großen Erwartungen ausgerechnet dieser Kanzlei verschrieben hätte. Eine der besten Chancen, die Obama hatte, war ohnehin die Assistenzstelle, die ihm der einflussreiche Bundesrichter Abner Mikva anbot. Von dort hätte er die ideale Ausgangsposition für eine juristische Karriere oder einen schnellen politischen Aufstieg gehabt, denn Mikva verfügte über die besten Kontakte im Establishment der Demokratischen Partei. Und wenn es ihm nicht um die politische Perspektive, sondern mehr um Geld und Ruhm der großen Star-Anwälte zu tun gewesen wäre, hätte er etwa zu „Sidley Austin" zurückgehen können, wo man dem Sommerpraktikanten von vor ein paar Jahren selbstverständlich einen Platz freigehalten hatte. Aber genau das ist das Interessante an der Entscheidung für Judson

Miners Kanzlei: Sie ist in vielerlei Hinsicht genau das Gegenteil von „Sidley Austin". Nicht die großen Fälle aus der Wirtschaft landen hier, sondern die kleinen Fälle, in denen Benachteiligte der Gesellschaft gegen Behörden und Unternehmen kämpfen. Diskriminierungsfälle sind die Spezialität der Kanzlei, während bei der nadelgestreiften Konkurrenz typischerweise die Mandanten so hochkarätig sind wie die Kanzlei, an die sie sich hilfesuchend wenden. Neun Jahre lang war Barack Obama als Jurist im Team von Judson Miner, auch wenn in diese Zeit schon Teile seiner späteren politischen Karriere fallen, die ihm zur aktiven Arbeit in der Kanzlei gar keine Zeit mehr ließen. Praktizierender Anwalt war er im Wesentlichen von 1993 bis 1996. In diesen Jahren hat Obama nicht einmal persönlich vor Gericht einen Mandanten verteidigt oder an einer Verhandlung teilgenommen. Seine Spezialität lag im Verfassen von Schriftsätzen, die vehement die Rechte der Mandanten einforderten, etwa im Fall eines Arztes, der entlassen worden war, weil er die Verschwendung von staatlichen Fördergeldern publik gemacht hatte und nun um Wiedereinstellung und Schadensersatz kämpfte. Auch die für die USA typischen Wahlrechtsstreitigkeiten wurden bald seine Spezialität, vor allem dort, wo es um die Rechte von Schwarzen ging, um den Neuzuschnitt von Wahlkreisen im Interesse einer Partei (nach jeder Volkszählung in den USA ein politisch heiß umkämpftes Thema) oder die Trägheit der staatlichen Bürokratie bei der Umsetzung von neuen Wahlgesetzen. Mit dieser Arbeit etablierte er sich als erfolgreicher Jurist und setzte zugleich die soziale, aktivistische Basisarbeit für Schwarze und Benachteiligte mit anderen Mitteln fort. Doch es dauerte nicht lange (so wie es auch bei der Sozialarbeit im Stadtviertel und beim Wählermobilisierungsprojekt nicht lange gedauert hatte), bis Obama die Grenzen seiner Möglichkeiten erkannte und trotz manchen Teilerfolgs neuerlich niedergeschlagen war. „Gerichte sind im Allgemeinen langsam, und sie sind konservativ. Nicht unbedingt ideologisch konservativ, aber konservativ als Institution. Das Jurastudium und die Arbeit in der Kanzlei haben mir eine Vorstellung davon vermittelt, wie dieses Land funktioniert, aber ich habe dabei auch gelernt, dass es sehr schwierig ist, sozialen Wandel durch die Gerichte herbeiführen zu wollen. Das war in unserer Geschichte nur in seltenen Augenblicken der Fall", sagt Barack Obama und erinnert etwa an den berühmten Fall *Brown v. Board of Education of Topeka*, mit dem der *Supreme Court* in Washington 1954 die Rassentrennung in den öffentlichen Schulen der Südstaaten durchsetzte. Doch insgesamt ließ ihn die praktische Erfahrung als Anwalt, der für Bürgerrechte und soziale Gerechtigkeit streitet, eher enttäuscht als ermutigt zurück. So wie schon früher machte er wieder die Erfahrung, dass man die Welt, die Gesellschaft, dass man die USA bei allem guten Willen nicht allein von unten grundlegend verändern kann, wenn die Unterstützung von oben ausbleibt und sich an den politischen Voraussetzungen der gesellschaftlichen Ungerechtigkeiten nichts ändert. „Es war zu diesem Zeitpunkt", sagt Barack Obama, „dass ich begann, in einem ernsteren Sinne darüber nachzudenken, in die Politik zu gehen." Das war Ende 1994, und er war nun 33 Jahre alt.

Früher oder später muss man aber doch einmal über die Frage sprechen, woher denn all diese Informationen stammen. Was ging Barack Obama damals durch den Kopf, als er in Chicago von Tür zu Tür ging, um politisch völlig Desinteressierte zu aktiven Wählern zu machen? Wieso weiß man so genau, was der Teenager Barack Obama 1981 in Kalifornien so trieb und dachte und rauchte und trank? Woher wissen wir, wie einsam er sich Jahre später in New York gefühlt hat und wie gerade dort sein politisches Sendungsbewusstsein aufkeimte? Und wie kann man noch über die tränenreichen Augenblicke am Grab seines Vaters in Kenia sprechen, als wäre man dabei gewesen und habe zugesehen? Zu einem nicht unwesentlichen Teil lautet die Antwort: Man weiß das alles von Barack Obama selbst. Er hat, genau zu diesem Zeitpunkt, also in den ersten Jahren nach Harvard, als er in Chicago die Wähler mobilisierte, als Anwalt Fuß fasste und über den Eintritt in die aktive, richtige Politik nachdachte, ein erstes dickes Buch geschrieben, das man Autobiographie nennen könnte, wenn das nicht bei einem 33 Jahre alten Autor etwas an der Sache vorbeiginge, das aber auch über einfache Jugenderinnerungen weit hinausgeht, weil es die eigenen Erfahrungen in jedem Schritt in einen größeren, gesellschaftlichen und politischen Zusammenhang stellt. *Dreams from my Father* heißt das bis heute vieldiskutierte Werk mit fast 400 Seiten, die – wiederum auf Grundlage dessen, was Obama selber darüber sagt – vor allem spät abends entstanden sind, wenn er von der Projektarbeit oder aus der Kanzlei nach Hause kam. Das kluge, sprachlich anspruchsvolle und in seiner reflektierenden Poetik durchaus faszinierende Buch verkaufte sich glänzend und wurde von der Kritik bejubelt. Joe Klein, einer der klügsten amerikanischen Journalisten, nannte es sogar „die besten Memoiren, die jemals ein Politiker geschrieben hat". Dem kann man schlecht widersprechen. Aber die poetische Qualität, das sprachliche Niveau und die politische Weitsicht sagen nichts über die Zuverlässigkeit dieses Berichts aus, sofern dort ein Lebenslauf mit Anspruch auf faktische Richtigkeit präsentiert wird. Denn anders als mit 18 oder 24 hatte Barack Obama mit 33 Jahren die politische Karriere eben schon sehr klar im Blick, und er wusste genau, wie eines Tages jedes Wort dieses Buches auf die Goldwaage gelegt werden könnte, sollten seine Träume vom kontinuierlichen politischen Aufstieg bis ganz nach oben eines fernen Tages in Erfüllung gehen. Mehr noch, er hatte jetzt auch verstanden, dass ausgerechnet er, der sich immer als Ausgeschlossener und Randzuschauer wahrgenommen hatte, mit seiner Lebensgeschichte und seiner komplexen Herkunft viele Menschen berühren konnte, wenn er sie mit dem richtigen Ton versah. Die Erfahrung in Harvard hatte ihn gelehrt, dass viele ihm mit offenen Ohren und offenem Herzen zuhörten und dabei manche Hoffnung auf ihn projizierten. In aller Unschuld und Aufrichtigkeit hat Barack Obama seine erste Autobiographie nicht geschrieben; er hat die politische Dimension seines Buchprojektes klar erkannt und seinen Lebenslauf, wo immer es sinnvoll schien, manipuliert und instrumentalisiert.

Einfache Beispiele, von Kirsten Scharnberg und Kim Barker für die *Chicago Tribune* in monatelanger Recherchearbeit überprüft, zeigen, wie das vonstatten ging und wie der Autor Obama dem Politiker Obama ein Denkmal baute, noch bevor er überhaupt Politiker war.

Ein Schlüsselerlebnis in Obamas Kindheit soll nach seinen eigenen Angaben überhaupt erst das Bewusstsein geweckt haben, ein Farbiger zu sein, und es soll ihn als traumatische Erfahrung noch lange begleitet haben. Als Neunjähriger, so geht die Geschichte, habe er im Magazin *Life* das Foto eines schlimm verunstalteten schwarzen Mannes gesehen, der versucht hatte, mit Chemikalien seine Gesichtsfarbe aufzuhellen, weil er nicht länger dunkelhäutig sein wollte. Erst in jenem Augenblick, so wird vermittelt, sei dem Kind klar geworden, dass es selbst eine Hautfarbe hatte, die man auf keinen Fall haben will, ja dass Menschen bereit waren, selbstzerstörerische Opfer zu bringen, wenn sie nur hoffen konnten, diese schreckliche Hautfarbe irgendwie loszuwerden. Es war für ihn als Neunjährigen, schrieb Obama, „wie ein Angriff aus dem Hinterhalt", als er plötzlich dieses Foto sah und dann die Geschichte las und verstand, worum es ging. In einem der anrührendsten Augenblicke seiner Erzählung heißt es: „Ich muss an all die Kinder denken, damals wie heute, die einen ähnlichen Augenblick der Offenbarung erleben."

Die Nachforschungen zeigten allerdings, dass es eine solche Geschichte im Magazin *Life* nie gegeben hat. Mit diesem Vorhalt konfrontiert, sagte Obama ärgerlich, dann sei es halt eine Story in *Ebony* gewesen, dem populärsten Magazin für farbige Leser. Doch die Archivrecherche zeigte auch dort, dass es die Geschichte nie gab. Und auch keine andere große amerikanische Zeitschrift hat, soweit es überprüfbar ist, in den etwa in Frage kommenden Jahren eine ähnliche Reportage gebracht.

Auch andere Fälle deuten darauf hin, dass Obama vor allem die Auseinandersetzung mit seiner Identität als Afroamerikaner in *Dreams from my Father* übertrieben dargestellt hat, dass er sie in der Erinnerung wesentlich früher hat beginnen lassen und dass er ihr mehr Raum gegeben hat, als sie tatsächlich in den Jahren seiner Kindheit und Jugend beanspruchte. „Barrys größtes Problem damals war die Abwesenheit seiner Eltern", sagt sein Schulkamerad Keith Kakugawa, der als einer der wenigen anderen Farbigen in der Punahou High School in Hawaii zu den engsten Freunden von Obama zählte. „Er fühlte sich allein gelassen. Aber die Behauptung, dass sein größtes Problem damals etwas mit Rasse zu tun hatte, ist Bullshit." Kakugawa wird in Obamas Buch unter dem Namen Ray oft zitiert und als „zorniger junger Schwarzer" dargestellt, mit dem Obama lange Diskussionen um die Identität in einem komplexen sozialen Umfeld hatte, in dem Schwarze eine Minderheit darstellten und auch ohne offenen Rassismus die Frage bedrückend präsent war, was normal ist, was Gleichheit wirklich heißt, was das Gemeinsame und was das Trennende zwischen unterschiedlichen Rassen ist. Kakugawa kann sich nicht erinnern, dass in ihren Gesprächen damals die Hautfarbe oder das Verhältnis zu Mitschülern anderer Hautfarbe auch nur ein einziges Mal Diskussionsthema war. Man habe, insistiert Keith Kakugawa, vielmehr über Altersübliches gesprochen und gestritten: Freunde, Mädchen, Lehrer, Eltern, Ziele, Träume. Was die Sache noch etwas heikler macht, ist der Bericht eines anderen farbigen Klassenkameraden, Rick Smith, der mit Obama die Punahou High School besuchte und

sich, anders als Keith „Ray" Kakugawa, sehr wohl an Diskrimi-
nierungen und hitzige Debatten über das Verhältnis der Rassen
zueinander erinnert. Smith, heute ein erfolgreicher Neurologe in
Kalifornien, erinnert sich etwa daran, dass die weißen Klassenkameraden sich zu Halloween schwarz anmalten und als „Neger" oder „Sklaven" zu den Kostümpartys gingen, „gerade so,
als wäre schwarz zu sein schon an und für sich eine witzige
Sache". Smith und andere fühlten sich tatsächlich, wie Obama
es beschreibt, isoliert und ausgegrenzt, und sie waren am liebsten unter sich, redeten über die Probleme der Schwarzen und
besuchten die Partys und Lokale, wo man hoffen konnte, nicht
allzu sehr in der Minderheit zu sein. Aber bei all dem war Obama nie dabei, behauptet Smith. Er sei sehr überrascht gewesen,
diese Dinge in *Dreams from my Father* zu lesen, denn genau das,
das Ringen um die schwarze Identität, habe Obama damals gar
nicht interessiert. Er sei, im Gegenteil, viel besser in die weißen
Schülercliquen integriert gewesen als andere schwarze Schüler.

Mit der amerikanischen Journalisten eigenen Hartnäckigkeit und
dem für die Durchleuchtung amerikanischer Präsidentschaftskandidaten üblichen Aufwand machten sich die Reporter der
Chicago Tribune sogar daran, in Indonesien auf Spurensuche zu
gehen und die Jugenderinnerungen Obamas einer akribischen
Überprüfung mit Hilfe von Augenzeugen-Interviews zu unter-
ziehen. Das Ergebnis bestätigte die früheren Befunde: Vieles war
nicht so oder nicht ganz so, wie Obama später behauptete. Das
fängt bei den Sprachkenntnissen an. Obama hat oft behauptet,
dass er als Kind in Indonesien die Landessprache innerhalb von
sechs Monaten gelernt und praktisch perfekt gesprochen habe.
Der Hinweis darauf ist nicht ohne Bedeutung und Hintersinn,
denn Fremdsprachenkenntnisse sind in den USA immer noch rar
und mangelhaft, auch in der politischen Klasse, zugleich haben
Amerikaner aber gerade deshalb großen Respekt vor denen, die

über Englisch hinaus eine andere Sprache sprechen. Nur weniges vermag Amerikaner vergleichbar stark zu beeindrucken. Mitschüler und Lehrer von damals sagen aber etwas anderes über Barack Obamas Sprachkenntnisse: Sie blieben in seiner ganzen Zeit in Indonesien schwach und waren eines seiner größten Probleme im täglichen Leben. Sie waren im Übrigen auch ein Grund, warum er mehr als andere Kinder gehänselt wurde und sich vielleicht benachteiligt und ausgeschlossen fühlte. Israella Pareira Darmawan, seine erste Klassenlehrerin, gab ihm Nachhilfe und erinnert sich heute an ein Kind, das schon bei der Aussprache der neuen Laute mit unüberwindlichen Schwierigkeiten zu kämpfen hatte und in der Folge einer der Stillsten in der Klasse war. „Die anderen nannten ihn ‚Neger'", sagt sie, weist aber darauf hin, dass das Wort damals, vor über 35 Jahren, in Indonesien nicht die stark negative Konnotation hatte, die es heute in den USA hat. Gleichaltrige, die sich an das Kind Barack Obama in Jakarta erinnern, aber nicht auf dieselbe Schule gingen, weisen noch auf einen anderen Aspekt hin, der die relative soziale Isolierung von damals erklärt: In einem Stadtteil, in dem fast ausschließlich Betawis wohnten, ein Stamm traditionalistisch orientierter Muslime, ein Stadtteil, der nicht urban, sondern noch eher ländlich geprägt war, mit vielen Bambushütten, von denen noch nicht einmal alle Elektrizität hatten, war Barack Obama eines der ganz wenigen Kinder, die die damals gerade neu eröffnete katholische Privatschule besuchten. Ironischerweise ist ausgerechnet er, der im Elternhaus keinerlei christliche Erziehung erfuhr und sich erst als Erwachsener taufen ließ, offenbar auch deshalb diskriminiert worden, weil er dem fremden und letztlich verhassten Glauben der reichen, westlichen Welt anzugehören schien. Obama selbst reduziert dagegen im Rückblick beinahe jeden Konflikt, jede Auseinandersetzung, jedes soziale Problem, das er damals hatte, auf seine Hautfarbe. Die Identitätskonflikte, die er in dieser Zeit erlebte, hatten aber offensichtlich komplexere Ursachen und sind nicht zu trennen vom Aufeinandertreffen unterschiedlicher nationaler und religiöser Identitäten. Auch als die Familie in Jakarta umzog und Obama nun eine lokale, moslemische Schule besuchte, blieb er Außenseiter, und seine westliche Herkunft war in jedem Alltagsaugenblick unübersehbar. Obama, erinnern sich Lehrer und Mitschüler aus dieser Zeit, saß oft allein hinten in der Ecke und zeichnete Batman, Superman oder Comic-Figuren von Walt Disney. Verständlicherweise kannte niemand außer ihm diese Figuren. „Aber er wollte nur große Helden zeichnen", sagt Widiyanto Hendro Cahyono, der für zwei Jahr mit Obama in eine Klasse ging und ihn als übermäßig großen Jungen, im Übrigen aber als Einzelgänger in Erinnerung hat.

Gelegentlich aber kommt Obama bei der Überprüfung seiner Autobiographie besser weg, als er sich selbst dargestellt hat. Die Grundschullehrerin Israella Pareira Darmawan erinnert sich zum Beispiel auch daran, dass Obama durch ein für sein Alter ungewöhnliches soziales Interesse auffiel: „Er wollte immer die Schwächeren beschützen. Er wollte immer helfen." Und eine andere Lehrerin, Fermina Katarina Sinaga, heute 67 Jahre alt, erinnert sich daran, dass die politischen Ambitionen, auf eine kindliche Art, versteht sich, vielleicht doch schon im neunjährigen Barack Obama sichtbar wurden. Damals habe er einen Aufsatz über seine Berufswünsche schreiben sollen: „Er schrieb, dass er Präsident werden wolle. Er schrieb nicht dazu, Präsident welchen Landes. Aber er schrieb, dass er als Präsident alle Menschen glücklich machen wolle."

Doch sieht man von derart rührenden Anekdoten ab, muss man nüchtern feststellen, dass *Dreams from my Father* der kritischen Überprüfung in zahlreichen Punkten nicht standgehalten hat. Die Fehler und Falschangaben kann man freilich sehr unterschiedlich interpretieren. Man kann dem Autor vorwerfen, seine Kindheitserinnerungen in einer Weise geschrieben zu haben, die seinen politischen Zielen nützlich ist. Man kann auch, viel allgemeiner, sagen, dass persönliche Erinnerungen immer emotional eingefärbt sind und nie ein faktisch korrektes Abbild des Geschehens und Erlebens liefern, oder dass im Rückblick vieles anders erscheint, weil der größere Lebenszusammenhang erst später offensichtlich geworden ist. Vielleicht stimmt auch einfach jede dieser Erklärungen zu einem Teil und bis zu einem gewissen Grade. In Fairness zu Obama könnte man auch sagen, dass sein Buch eben vor allem auf das amerikanische Publikum abzielte und die inneramerikanischen Debatten um Hautfarben und Rassen aus einer persönlichen Perspektive thematisieren wollte; pubertärer Liebeskummer, mag er größer gewesen sein als das Ringen um die eigene Identität, ist in diesem Zusammenhang einfach nicht so wichtig, und auch das Aufeinandertreffen der Kulturen in Indonesien ist so gesehen eben gar nicht Thema des Buches. Den Anspruch auf faktische Authentizität in *Dreams from my Father* hat Barack Obama klugerweise auch längst aufgegeben, denn sonst würde ihm noch als Präsidentschaftskandidat im Wahlkampf manches Detail als „Lüge" um die Ohren gehauen: „Was sich dramatisch verändert hat, ist der Kontext, in dem das Buch heute gelesen wird", sagt Obama, und damit hat er ohne Zweifel recht. Das heißt aber nicht, dass er zur Selbstkritik vollkommen unfähig wäre. Der Versuchung, „die Farbe der Ereignisse in einer für den Autor schmeichelhaften Weise zu ändern", sei er sich im Rückblick ebenso bewusst wie den „selektiven Lücken des Gedächtnisses". „Und ich kann nicht sagen, dass ich all diesen Versuchungen erfolgreich widerstanden habe." Andererseits: „Ich würde die ganze Geschichte heute nicht viel anders erzählen als so, wie ich es vor zehn Jahren gemacht habe, auch wenn sich manches in dem Buch als politisch unbequem herausgestellt hat."

Vielleicht kommt es darauf aber auch nicht an. Als Barack Obama 1995 das Buch herausbrachte, an dem er lange gearbeitet hatte und das nach Angaben seiner Frau zu den ersten ehelichen Auseinandersetzungen geführt hat, weil Obama Tage und Nächte durcharbeitete, ohne sich um etwas anderes zu kümmern, wurde er fast über Nacht zum Bestsellerautor. Das Buch stand schließlich mehr als ein Jahr lang auf der Bestsellerliste der *New York Times* und tauchte dort auch später wieder auf, wann immer Obama Schlagzeilen machte oder neue Ämter errang. Bis heute sind knapp eine Million Exemplare verkauft. Das Buch machte den Autor, wenn nicht gleich reich, dann aber in bestimmten Kreisen berühmt. Es etablierte ihn als eine neue, ernst zu nehmende Stimme des schwarzen Amerikas, fast 30 Jahre nach Martin Luther King und Malcolm X, gut zehn Jahre nach Jesse Jacksons erster gescheiterter Präsidentschaftskandidatur. Und es lieferte, pünktlich am Vorabend seines ersten eigenen Wahlkampfes, eine fesselnde, uramerikanische Geschichte von Aufstieg und Hoffnung. Barack Obama hatte sich auf diese Weise als Politiker schon selbst definiert, bevor andere es tun konnten, ja bevor er überhaupt Politiker war. Er beendete mit seinen ersten Memoiren die lange Wegsuche, das lange Hadern mit sich selbst, die lange Jugend und machte sich frei für das Leben als Ehemann, Vater und Mann in der Lebensmitte. Er schloss ein langes Kapitel seines Lebens ab, das ihn nicht nur geographisch, sondern auch ideell und emotional über große Distanzen und viele Umwege endlich in die Mitte Amerikas hineingeführt hatte.

3   Macht und Machenschaften

Für einen außergewöhnlichen Erfolg reichen Begabung, Ehrgeiz, Fleiß und Entschlossenheit allein niemals aus. Glück und Zufall müssen noch hinzukommen, erst dadurch entstehen die ganz großen, phänomenalen Karrieren, die „Bilderbuchkarrieren", die weit über das normale Maß hinausgehen und deren rasanter Verlauf im Rückblick gar nicht mehr recht zu begreifen ist. Und Glück und Zufall schienen Barack Obama genau in jenem Moment in die Hände zu spielen, in dem er sich vorgenommen hatte, Politiker zu werden. Absehbar war das nicht, im Gegenteil. Denn alle politischen Ämter, auf die er 1995 ein Auge geworfen hatte, waren besetzt, gut und solide besetzt, mit Demokraten, die selbst noch eine lange Laufbahn vor sich zu haben schienen. Und auch die Wahlkampfspender waren von anderen längst fest abonniert. Für den jungen Obama blieb da unter normalen Umständen keine Chance und keine Lücke. Doch es passierte etwas, was man eben nicht erwarten konnte. Im Herbst 1995 erlebte der 43 Jahre alte Kongressabgeordnete Mel Reynolds innerhalb weniger Tage den totalen Zusammenbruch seiner politischen Karriere. Beschuldigt, eine 16 Jahre alte Wahlkampfhelferin verführt zu haben, musste der Abgeordnete des Wahlkreises „Chicago 2" nach kurzer medialer Abwehrschlacht zurücktreten. Sein Sitz im Repräsentantenhaus in Washington sollte durch eine außerplanmäßige Wahl im November 1995 neu besetzt werden. Für Obama, den politischen Debütanten, wäre das für sich genommen noch keine sonderlich glückliche Fügung gewesen, weil ein Mandat in der Hauptstadt vorläufig noch eine Nummer zu groß war. Doch Alice Palmer, Senatorin im Senat des Staates Illinois (also de facto Abgeordnete in der zweiten Kammer des Regionalparlaments von Illinois), wollte für den frei werdenden Platz im Repräsentantenhaus kandidieren. Sie wohnte, wie Barack Obama, in Hyde Park, der einzigen besseren Gegend auf Chicagos South Side, und kannte und schätzte ihn wegen seiner liberalen Ansichten und seiner sozialen Interessen. Palmer, eine etablierte Größe in der politischen Szene Chicagos, bot Obama an, für ihren Sitz im Senat von Illinois zu kandidieren. Mit der Unterstützung einer derart prominenten Frau schien die Kandidatur für Obama fast schon eine sichere Sache zu sein, und er ergriff die Gelegenheit ohne jedes Zögern. Dann aber passierte noch einmal etwas, was kein Mensch erwarten konnte: Alice Palmer verlor überraschend schon in den *Primaries* der Demokratischen Partei gegen den jungen Jesse Jackson, Sohn des berühmten Vaters, und stand nun ohne Mandat da. Sie entschied sich umgehend, doch wieder für den Senat in Illinois anzutreten, und bat Obama in aller Freundschaft, seine Kandidatur zurückzuziehen. Doch genau an dieser Stelle zeigte sich erstmals eine Seite Barack Obamas, die damals wie heute oft übersehen wird: Er ist weder ein Schwächling noch ein Heiliger, er ist nicht einfach nur Gutmensch und Sozialapostel, sondern er ist auch, wie alle Spitzenpolitiker, mit einem nicht unerheblichen Maß an Härte ausgestattet, das es ihm ermöglicht, im entscheidenden Augenblick kaltblütig zu sein.

Als Palmer ihn an sein Versprechen erinnerte, im Fall der Fälle wieder Platz für sie zu machen (Obama bestreitet bis heute, dass es ein solches Versprechen je gegeben hat), machte er umgehend klar, dass er die ersehnte Chance auf ein politisches Mandat nicht mehr aus der Hand geben werde, auch nicht für sie. Er werde vielmehr kämpfen.

Auf diese Weise war gleich der erste Wahlkampf Obamas von einer besonderen Härte, von Turbulenzen, Gemeinheiten und gerichtlichen Auseinandersetzungen geprägt. Beinahe wäre Obama mit der Unterstützung seiner Vorgängerin und mithin als klarer Favorit in die *Primaries* gegangen; jetzt trat er in den Vorwahlen gegen die Amtsinhaberin selbst an. Das konnte kaum gut gehen, zumal Alice Palmer jetzt auch noch die Unterstützung des neuen Kongressabgeordneten Jesse Jackson Jr. bekam. Palmer war zudem ein Markenname, und Barack Obamas Name erwies sich schon bei diesem ersten Versuch, eine politische Kampagne aufzuziehen, als völlig ungeeignet für moderne Wahlkämpfe: Weder konnten sich die Wähler seinen Namen gut merken, noch hatten sie beim Hören eine Vorstellung, wie dieser Name geschrieben wurde – man stritt höchstens darüber, was hier eigentlich seltsamer war, der Vorname oder der Familienname. Mit Frechheit und Pfiff trat Obama der mächtigen Konkurrentin, die eigentlich seine Mentorin hatte sein wollen, entgegen. Da sie ihn zwischenzeitlich schon öffentlich unterstützt und sogar ausdrücklich versprochen hatte, auch selbst für ihn Wahlkampf zu machen, scherzte er nun: „Mein Slogan ist jetzt: Sogar meine Gegner wollen mich wählen."

Doch allzu heiter war die Auseinandersetzung nicht, und es ist gewiss, dass Obama sie verloren hätte. Doch zur Wahl kam es gar nicht. Alice Palmer musste unter großem Zeitdruck Unterschriften sammeln, um verspätet noch in den Vorwahlkampf eintreten zu dürfen. Da auch die *Primaries* nicht von der Partei, sondern vom Staat durchgeführt werden, sind die Wahlbehörden dafür zuständig, und es gelten die allgemeinen Wahlgesetze. Die diversen Petitionen waren eigentlich Formsache. Barack Obama nutzte, was er in der Kanzlei gelernt hatte, und überzog Palmer mit einer Reihe von Klagen, die sich meist auf bürokratische und formalistische Einwände stützten. Jede Unterschrift in ihren Petitionen, die in Druckschrift geschrieben war, obwohl sie hätte ausgeschrieben werden müssen, jeder Name, der wegen einer besonders ungelenken Handschrift nicht identifizierbar war, und jeder Unterzeichner, dessen angegebene Adresse einer Wohnsitzüberprüfung nicht standhielt, wurde von Obama angefochten. Palmer kämpfte verzweifelt um ihr politisches Überleben, doch die Juristen im Obama-Team nahmen sie nach Strich und Faden auseinander. Obama klagte schneller, als sie sich wehren konnte, und da die entscheidenden Fristen ausliefen, stand sie am Ende nicht auf dem Wahlzettel. Bis heute hasst sie Barack Obama.

Die anderen Kandidaten in den *Primaries* kickte er ebenfalls mit juristischen Spitzfindigkeiten aus dem Rennen, bevor überhaupt gewählt werden konnte. Am Wahltag, man glaubt es nicht, war er der einzige Kandidat und errang ohne Gegenstimmen die Kandidatur seiner Partei für den Senat in der Landeshauptstadt Springfield. „Er haute die Amtsinhaberin aus dem Rennen, was ihn schon irgendwie berüchtigt machte, haute dann alle anderen auch noch raus und trat am Ende ganz ohne Gegner an, was für einen Neuling und Außenseiter in der modernen amerikanischen Politik wohl einmalig sein dürfte", sagt Ron Davis, einer aus dem damaligen Wahlkampfteam, und fügt mit hintersinnigem Lächeln an: „Barack lernt halt unheimlich schnell." In dem für Demokraten absolut sicheren Wahlkreis war der normale Wahl-kampf, der folgte, für Obama sorgenfrei; der Republikaner blieb erwartungsgemäß chancenlos. Im November 1996 wurde Barack Obama gewählt und im Januar 1997 als neuer Senator aus Chi-cago eingeschworen. Er war nun hauptberuflich Politiker, mit einem bescheidenen, aber durchaus honorigen Mandat, einem eigenen Wahlkreis, einem eigenen Büro und Mitarbeiterstab und der fast täglichen medialen Präsenz eines einflussreichen Lokal- und Regionalpolitikers – kaum 15 Monate nach seinem Entschluss, in die Politik zu gehen.

Acht Jahre lang blieb er im Senat von Illinois – seine bis heu-te längste politische Amtszeit in seiner insgesamt immer noch jungen Karriere. Nach der Enttäuschung darüber, wie schwer es war, die Gesellschaft unten, an der Basis, zu verändern, hatte er nun die Möglichkeit, oben anzusetzen. Nicht ganz oben, versteht sich: Das Kapitol von Springfield/Illinois ist eben nicht das Weiße Haus. Andererseits sind die Möglichkeiten der Gesetzgebung in den amerikanischen Einzelstaaten ungleich größer als etwa in den deutschen Bundesländern. Der größte Teil des Strafrechts und des Strafvollzugs sowie die Polizei und Justiz auf Ebene des Staates, große Teile der Steuergesetzgebung, Wahlgesetze, fast sämtliche Sozialleistungen, außerdem die Gesundheits- und Schulpolitik fallen in die Zuständigkeit eines solchen Parlaments, und durch die Nationalgarde hat das Provinzparlament sogar eigene Streitkräfte, die finanziert und überwacht werden müssen und die, wie gerade die letzten Jahre gezeigt haben, nicht nur theoretisch Teil der Landesverteidigung sind, sondern tatsächlich als Ergänzung der amerikanischen Streitkräfte aktiv in einen Krieg hineingezogen werden können.

Barack Obama machte schnell klar, dass er nicht als Sonntagsredner oder Hinterbänkler gekommen war, der hier eine ruhige Kugel schieben würde, sondern als jemand, der Politik aktiv gestalten wollte und auch mit sich selbst noch viel vorhatte. Mehr als 800 Gesetzesvorhaben brachte der *State Senator* Obama mit Hilfe eines personell bestens ausgestatteten Büros in acht Jahren auf den Weg. Darunter waren Gesetze, von denen Experten meinen, dass sie, wenn nicht revolutionär, dann aber richtungsweisend waren. Eines der ersten Gesetze schrieb 1997 eine völlig neue Datenerhebung über Sozialhilfeempfänger vor, die helfen sollte, besser zu verstehen, wer genau die Menschen sind, die in Not geraten, und inwieweit die Sozialleistungen die Eigeninitiative der Empfänger bremsen, weil sie sich hinreichend versorgt fühlen. Obama, heißt es, gelte außerdem das Verdienst, die Wahlkampffinanzierung in Illinois mit ihrer besonders fragwürdigen Spendenpraxis und dem fast unkontrollierten Zugang der großen Geldgeber zu den Kandidaten nach über 25 Jahren Streit endlich reformiert zu haben. Doch viele seiner Gesetze tragen auch die klare Handschrift des Sozialreformers, der in die Politik gegangen ist, um den Schwachen, also oftmals: den

Schwarzen in Amerika, zu helfen. Obama setzte gegen Widerstände neue Kinderfreibeträge für die untersten Einkommensgruppen durch, er kämpfte erfolgreich für ein Gesetz, das die Videoaufzeichnung aller Verhöre bei Tötungsdelikten verlangte (um besser kontrollieren zu können, ob die Polizei Geständnisse erpresste), und er ließ der Polizei in Illinois gesetzlich verbieten, bei Verdachts- und Zufallskontrollen Farbige überproportional häufig zu kontrollieren. Für einen Regionalpolitiker ist das auch nach acht Jahren eine gute, robuste Bilanz, die sich unter allen Umständen sehen lassen kann. Was eine solche Bilanz und die damit verbundene politische Erfahrung in einem Präsidentschaftswahlkampf wert ist, steht auf einem anderen Blatt.

Doch als State Senator sammelte Obama ab 1997 nicht nur Fleißkärtchen in der parlamentarischen Alltagsarbeit. Viel wichtiger für die weitere Entwicklung war, dass er sich als Politiker etablierte, den politischen Betrieb von innen kennenlernte, Kontakte knüpfte, das unvermeidliche Geschäft von Kompromiss und Kuhhandel begriff und politische Freundschaften für die Zukunft schloss. Genau das war viel schwieriger als die Bewältigung der parlamentarischen Kernaufgaben. Denn er kam als Fremder und Fremdkörper in Springfield an. „Meine erste Reaktion war: Was zum Teufel will der denn hier?", erinnert sich Denny Jacobs, früherer Senatskollege Obamas und einer von denen, die viel mehr dem Typus des Politikers in Chicago entsprechen: bodenständig, pragmatisch, unideologisch, zu mancher Gaunerei bereit, verschwiegen, diskret, lieber im Hinterzimmer mauschelnd als im Rampenlicht schwadronierend. Oder wie Jacobs das selbst ausdrückt: „Wir sind hier keine Gutmenschen, die sich da vorn hinstellen und sagen, dass jetzt alles anders werden muss." Obama, dem geschliffenen Juristen mit den feurigen Reden, die immer so klangen, als würde sich heute im Kapitol von Springfield das Schicksal der Menschheit entscheiden, schlug mehr Skepsis als Sympathie entgegen. Einen

„Besserwisser" und ein „Greenhorn" nannten ihn damals zwei andere schwarze Senatoren, Donne Trotter und Rickey Hendon, die im Laufe der Jahre allerdings ihre Meinung geändert haben und heute Obama im Präsidentschaftswahlkampf unterstützen. Obama spürte die Abneigung, die ihm entgegengebracht wurde, und suchte nach Hilfe. Die fand er bei Emil Jones, einem anderen Senator, der bestens Bescheid wusste, wie man hier die Bälle spielen musste, und der zudem in der Demokratischen Partei Chicagos einer der mächtigsten Strippenzieher war. Ob man es sympathisch findet oder nicht, aber Obama zeigte in dieser Zeit Talent und Bereitschaft zur Anpassung an die herrschenden Verhältnisse. Er fügte sich in den politischen Mikrokosmos der Landeshauptstadt, und er ging dabei auch so weit, abends mit wichtigen Lobbyisten und Parteispendern Poker zu spielen und Bier zu trinken. Er begann sogar, Golf zu spielen, weil er allmählich verstand, dass ein nicht unerheblicher Teil der amerikanischen Politik in den alten *Country Clubs* abgewickelt wird, wo sich die Männer zum Tennis, Golf oder Reiten treffen und die Frauen sich von schwarzen Kellnern Tee und Gebäck bringen lassen. Inwieweit die Anpassung und Integration hier bis an die Grenze der Selbstverleugnung ging, oder sogar manchmal darüber hinaus, ist schwer zu sagen. Sicher ist, dass Barack Obama den weiteren politischen Aufstieg fest im Blick hatte und dass er bereit war, viel, ja sehr viel dafür zu tun.

Äußerst anpassungsfähig zeigte er sich auch im Umgang mit den wenig geschätzten, vielleicht sogar heimlich verachteten politischen Gegnern, den Republikanern, praktisch ausschließlich Weiße, die meisten aus alten politischen Dynastien oder großen Familienunternehmen in Illinois. Keinesfalls suchte Obama die Konfrontation mit ihnen, im Gegenteil. Er sah, völlig zu Recht, wie sich zeigte, seine Chance in der eigenen Partei gerade darin, Brücken zu den politischen Gegnern zu bauen. Und das tat er praktisch vom ersten Tag an, und er tat es klug und wirkungsvoll.

„Er war jemand, dem alle genau zuhörten", sagt der Republikaner Dillard, und sein Kollege Joe Birkett erinnert sich außer an die Klugheit auch an die besten Manieren des schlanken Senators aus Chicago: „Er war immer ganz Gentleman, auch in schwierigen Verhandlungen." Und Paul Williams, ein Lobbyist in Springfield, sagt: „Er kam mit einer großen Dosis Pragmatismus auf uns zu. Er hatte diese Einstellung: ‚Okay, klingt prima, ich selbst würde ja auch gern auf den Mond fliegen, aber was ich im Tank habe, reicht halt im Augenblick nur bis hierhin. Also lasst uns das tun, was wir realistischerweise zusammen tun können.'" Bei den konservativen Lobbyisten wie auch bei den konservativen Politikern – im Senat von Illinois hatten die Republikaner damals noch die Mehrheit – hatte Obama bald den Ruf, dass er offener und kompromissfähiger sei als die meisten anderen Demokraten. Und in der eigenen Partei sprach sich schnell herum, dass man mehr erreicht, wenn man Obama zu den Republikanern hinüberschickt. „Obama hat es einfach drauf, die Leute dazu zu bringen, dass sie ernsthaft verhandeln und eine Lösung suchen", sagt Mikva, der nicht nur als Richter großen Einfluss hatte, sondern hinter den Kulissen der Demokratischen Partei den Aufstieg Obamas beobachtete und förderte. Als Schlichter und Kompromissfinder erarbeitete sich der Senatsneuling eine mächtige Position, die ihn fast unangreifbar machte.

Das heißt nicht, dass Obama allseits beliebt war. Sein Ehrgeiz war so unübersehbar, dass er vielen damit auf die Nerven ging. Und der Ton des jungen Senators, der inzwischen eine sehr honorige Jura-Dozentur an der Universität von Chicago innehatte, konnte arrogant und herablassend wirken. „Er hätte viel mehr erreichen können", sagt Steven Rauschenberger, langjähriger republikanischer Senator in Springfield, heute im Rückblick, „er war sehr schlau, aber er war auch sehr ehrgeizig. Er hatte das Ziel fest im Blick, und das Ziel war nicht Springfield. Wenn er es verdient, Präsident zu werden, dann sicher nicht wegen seiner Verdienste im Parlament von Illinois." Und auch in der eigenen Partei verstummten die Kritiker nic ganz. Oft kam es zu heftigen Wortwechseln gerade auch mit anderen Schwarzen in der Fraktion. Kimberly Lightford, die als demokratische Ausschussvorsitzende Augen- und Ohrenzeugin vieler dieser Streitigkeiten war, erzählt, dass andere Parlamentarier Obama immer wieder vorwarfen, sich für etwas Besseres zu halten: „Nur weil du in Harvard warst, glaubst du wohl, du wüsstest alles besser" – das und ähnliches, so Lightford, habe sich Obama immer wieder anhören müssen. Ein Senator habe ihm auch einmal vorgeworfen, sich aufzuspielen, als sei er der „König der ganzen Welt". Manchmal sei Obama dann ärgerlich rausgegangen und habe erst einmal eine Zigarette geraucht. Und in einem Fall, einer Auseinandersetzung mit seinem Parteikollegen Rickey Hendon, die im Plenarsaal begonnen hatte und später in einem Nebenraum unter lautem Geschrei fortgesetzt wurde, soll es beinahe zu Gewalttätigkeiten gekommen sein. Obama, der gelegentlich aufbrausend und aggressiv sein kann, musste nach glaubwürdigen Berichten damals von Mitarbeitern festgehalten werden, sonst wäre er auf Hendon losgegangen. Er selbst hüllt über solche Episoden den Mantel diskreten Schweigens und zeichnet ein makelloses und allzu rosiges Bild seiner ersten politischen Erfahrungen: „Ich habe damals schnell gemerkt, dass, wenn man bereit ist, Menschen zuzuhören, eine Menge Meinungsverschiedenheiten, die in unseren politischen Debatten eine Rolle spielen, überbrückt werden können. Ich habe schnell Beziehungen auch zu Republikanern und anderen aufgebaut und habe festgestellt, dass wir sehr viel gemeinsam haben. ... Das Wichtigste in Springfield ist, dass man bei einem Thema alle, egal auf welcher Seite sie stehen, an einen Tisch bringt." So geschliffen und gestelzt, so simplifizierend und euphemistisch sagt man das halt heute, wenn man Präsident werden will.

Doch zwischen Springfield und Washington, zwischen dem Provinzparlament und der Präsidentschaftskandidatur, lagen erst einmal weitere Lehr- und Wanderjahre. Dem erfolgreichen *State Senator* ging der politische Aufstieg allerdings nicht schnell genug. Als ihn der Politologe Robert Putnam zu einem mehrtägigen Seminar mit vielversprechenden Männern und Frauen aus Politik und Wirtschaft einlud, lernte er einen Mann kennen, dessen „Ehrgeiz so groß war wie ein Funkturm". In der Kaffeepause wurde Obama von den anderen bald provozierend gefragt, wann er denn Präsident werden wolle, und im Seminarraum hatte er nach dem zweiten Tag den Spitznamen „der Gouverneur". Putman fand Obama dennoch sympathisch: „Er war erkennbar ehrgeizig, aber auf eine liebenswerte Art." Und auch Seminarteilnehmer von damals haben ihn in positiver Erinnerung: „Ich frage mich heute, warum wir damals gedacht haben, er könnte Präsident werden. Ich glaube, es war seine Art zuzuhören, wie gebannt zuzuhören, und dann irgendwann eine alles und alle umfassende Antwort anzubieten: Okay, ich sage euch, wie das, was alle bis jetzt gesagt haben, vernünftig zusammenpasst." Obama übte sich schon in der großen, der ganz großen Politikerpose, er hatte auch seinem Schwager gegenüber schon einmal gesagt, eines Tages wolle er Präsident werden. Doch noch war er ein kleiner Senator, den man nur in Illinois kannte oder in den elitären Kreisen, in denen man schwarze politische Literatur liest und diskutiert. Nach wenigen Jahren in Springfield, manche sagen: schon nach wenigen Monaten, suchte er händeringend und ungeduldig nach der nächsten Chance, der nächsten Herausforderung, dem nächsten Schritt auf der Karriereleiter. Und in seiner Ungeduld glaubte er eines Tages plötzlich, diese Chance zu entdecken, und machte prompt den ersten großen Fehler seines politischen Lebens.

Im starren Machtgefüge der Ämter und Posten in Chicago – die meisten fest in der Hand etablierter Demokraten, die anderen unerreichbar im Besitz der wenigen Republikaner aus verlässlich konservativen Wahlkreisen – schien sich 1998 etwas zu tun. Der Schwarze Bobby Rush, Abgeordneter im Kongress in Washington, wollte Bürgermeister von Chicago werden und forderte seinen Parteifreund Richard M. Daley heraus, den Sohn des legendären früheren Bürgermeisters und Patriarchen alten Stils, Richard J. Daley. Obama selbst hätte allzu gern Daley entmachtet, doch das schien ihm aussichtslos. Auch Rush verlor. Und als er verlor, machte schnell das Wort die Runde, er sei nun schwer angeschlagen und auch als Kongressabgeordneter nicht mehr der, der er einmal war, im Übrigen sei er ohnehin allmählich reif fürs Altenteil. Auch Barack Obama schnappte das Gerücht auf, oder wahrscheinlicher noch: Er mag es selbst gestreut oder jedenfalls nach Kräften unterstützt haben. Denn er selbst hielt Rush nun für angeschlagen, er glaubte, er wollte glauben, dass man ihn nun angreifen könne. Obama gab heimlich eine Meinungsumfrage in Auftrag, die bestätigte, dass viele Wähler, zumal die Weißen in Chicago, nur noch wenig Vertrauen in Rush hatten und eine Alternative suchten. „Ich war mir nicht sicher, ob Rush verwundbar war", erzählt Mikva, der Obama damals beriet, „aber Obama war ganz sicher, dass er ihn schlagen konnte." Er irrte sich. Als er in den *Primaries* für die nächsten Kongresswahlen im Frühjahr 2000 gegen den Parteikollegen und langjährigen Abgeordneten antrat, verlief sein Wahlkampf praktisch vom ersten Tag an katastrophal. Dass ein Schwarzer einen anderen Schwarzen stürzen wollte, wurde als eine besonders gemeine Art politischer Selbstsucht dargestellt, als Verrat an den „Brüdern". Rush, damals 53 Jahre alt, hatte sich seine politischen Sporen noch in der Bürgerrechtsbewegung der sechziger Jahre verdient und war als *Black Panther* mit einem Gewehr in der Hand in Chicago aufgetreten. Das mag wenig zur Sache tun, aber in der *Black Community* war Rush immer noch ein Altgardist mit Kultstatus; Barack Obama war ein Ehrgeizling.

Und sein Ehrgeiz wurde auch zum ersten Mal in einer Weise gedeutet, die Obama später noch oft zu schaffen machen sollte: Obama, hieß es, stehe ja wohl eher auf Seiten der Weißen, er sei ja selbst so ein verwöhnter Harvard-Bengel, selbst die *Chicago Tribune*, die „weiße" und politisch konservative Zeitung der Stadt, unterstütze ihn, und vor allem: genau betrachtet sei er ja auch nicht richtig schwarz, sondern bestenfalls braun. Das war natürlich gehässig, falsch, unsachlich und ungerecht. Aber auch so ist die Politik. Die Tatsache, dass die meisten seiner Wahlkampffinanziers Weiße waren und nicht Schwarze, bot noch einmal eine empfindliche Angriffsfläche. Und wenn man erst einmal kein Glück hat, kommt Pech meistens noch hinzu: Mitten im Wahlkampf wurde der Sohn von Rush ermordet, so dass der Vater einen öffentlichen Mitleids-bonus bekam und Obama gezwungen war, für mehrere Wochen auf die vorbereiteten Angriffe gegen Rush zu verzichten. Obama machte außerdem einen kleinen, aber folgenreichen Fehler, der seine ganze Naivität und Unkenntnis über die innere Dynamik amerikanischer Wahlkämpfe offenbart: Gegen den dringenden Rat seiner Mitarbeiter brach er den Kurzurlaub auf Hawaii nicht ab, als der Senat in Springfield zu einer außerordentlichen Sitzung zusammenkam und über ein verschärftes Waffengesetz abstimm-te. Das Gesetz war eine Reaktion auf die Mordrate in Chicago, da-mals die höchste in den USA, und es scheiterte an drei fehlenden Stimmen im Senat, eine davon war die Stimme Barack Obamas. Der Gouverneur erteilte ihm eine öffentliche Rüge für die Abwe-senheit in einem derart bedeutenden Augenblick der Parlaments-arbeit. Politische Gegner, aber auch die Medien, fielen über den Hawaii-Urlauber Obama her; Zeitungen stellten seine Urlaubsfotos von Waikiki Beach neben die Fotos von jugendlichen Mordopfern. „Senator Obama entschied sich für einen Trip nach Hawaii und gegen die öffentliche Sicherheit", schrieb die *Chicago Tribune*, und das war noch milde im Vergleich zu dem, was er sich nun anhören musste. Der Versuch, einen neuen Plan für die Krankenversiche-rung von Senioren vorzustellen, musste abgebrochen werden, weil

Obama mit Fragen nach seinem Hawaii-Urlaub bestürmt wurde. In seiner Verlegenheit erfand er eine faule Ausrede, sprach von seinem im Urlaub erkrankten Kind und verwickelte sich bald in Widersprüche und immer neue Versuche zu erklären und zu entschuldigen, was außer mit Dummheit und Naivität nicht plausibel zu erklären war. Barack Obama erlebte sein erstes richtiges Desaster in Public Relations. Die Wahlniederlage folgte prompt.

Am Wahlabend im März 2000 war es so weit. Obama verlor, und er verlor haushoch: Sagenhafte 30 Prozentpunkte trennten ihn von Bobby Rush. Er war nicht nur geschlagen, er war gedemütigt. Und er war der Einzige, der davon auch noch überrascht war und es kaum verwinden konnte. „Er ist kein guter Verlierer", sagt Dan Shomon, sein damaliger Wahlkampfmanager in Erinnerung an den Wahlabend. Und auch Abner Mikva sah einen Obama, den er noch nicht kannte: „Es war das einzige Mal, dass er halbwegs ernsthaft daran dachte, ganz aus der Politik auszusteigen. Er war frustriert, und es schien, als gäbe es für seine Ambitionen einfach keinen Kanal." Von Selbstzweifeln im engeren Sinne war Obama allerdings wenig geplagt, obwohl er nach Ansicht aller Eingeweihten die Lage von Anfang an falsch eingeschätzt hatte. Stattdessen schimpfte Obama auch noch auf die Wähler: „Ich hatte plötzlich Zweifel, ob ein Junge aus Hawaii mit dem Namen Barack Obama in einem politischen Betrieb Erfolg haben konnte, in dem die Wähler ihre Entscheidung oft spontan treffen oder sich von dem Namen eines Kandidaten beeinflussen lassen oder von seinen Familienbeziehungen." Richtig ist: Dergleichen war nicht der Grund für seine bittere Niederlage. Er hatte sich von Anfang an das falsche Rennen ausgesucht und sich einfach auf sein notorisches Glück verlassen. Die Verantwortung für diese Fehlkalkulation trägt niemand außer ihm selbst.

Wesentlich später hat er das auch selbst eingesehen, wie es scheint. Jedenfalls klingt es heute, mit ein paar Jahren Abstand, schon ganz anders als im ersten Aufschrei der verletzten Eitelkeit: „Tief in mir wusste ich schon zur Halbzeit des Wahlkampfes, dass ich verlieren würde. Ich wachte manchmal morgens auf mit einem vagen Gefühl der Niedergeschlagenheit und stellte mir vor, wie ich den ganzen Tag damit zubringen musste, Hände zu schütteln und zu lächeln und so zu tun, als laufe alles nach Plan … Die Wähler hatten recht. Es gab keinen äußeren, zwingenden Grund, warum ich zu diesem Zeitpunkt Kongressabgeordneter werden musste. Es hatte mehr mit meiner Ungeduld zu tun, endlich mitmischen zu wollen." So lernte Barack Obama seine erste Lektion im Verlieren.

Der Schaden war allerdings, auf lange Sicht betrachtet, geringer als gedacht, und die Niederlage, wie sich bald erwies, vielleicht sogar ein Glücksfall. Denn das Repräsentantenhaus in Washington ist am Ende doch nur zweite Wahl, verglichen mit dem *United States Senate*, der viel feineren, mächtigeren und auf 100 Mitglieder (pro Bundesstaat zwei) begrenzten zweiten Kammer des amerikanischen Parlaments, wo jeder gleich auf sechs Jahre gewählt wird und jeder ein potentieller Präsidentschaftskandidat ist. Richtige Hinterbänkler gibt es hier gar nicht. Hier ist jeder ein Star oder fühlt sich wenigstens so. Das Repräsentantenhaus ist meistens die erste Station für Parlamentarier in Washington, es ist ein großes Parlament mit viel Palaver und wenig Rampenlicht. Nur wenige schaffen es überhaupt von hier aus in den Senat, und die meisten dieser wenigen sind schon in Ehren ergraut, bevor sie im pompösen Kapitol von Washington endlich in den alten Nordflügel umziehen dürfen. Barack Obama, hätte er Rush überraschend geschlagen, wäre es nicht anders ergangen. Er hätte sich hochdienen müssen. Jetzt zog er aus seiner verheerenden Niederlage den kuriosen, hochmütigen, aber nicht ganz falschen Schluss, beim nächsten Versuch gleich höher ansetzen zu müssen. Schon Mitte 2001, nur anderthalb Jahre nach seiner Vorwahl-Niederlage gegen Rush, begann er, gelegentlich über eine Kandidatur für den Senat zu sprechen.

Doch wo immer er einen kleinen Versuchsballon dieser Art starten ließ, in der Fraktion oder daheim in der Familie, waren die Reaktionen verhalten. Vor allem seine Frau, die das Drama des missratenen Wahlkampfes gegen Rush noch nicht weggesteckt hatte, sich mit zwei kleinen Kindern ohnehin allein gelassen fühlte und Barack Obama zudem vorwarf, auch noch reichlich privates Geld in dem sinnlosen Wahlkampf verbrannt zu haben, war für ein neues politisches Abenteuer ihres Mannes nicht zu begeistern. Das alles bremste Obama, aber es stoppte ihn nicht.

Da Illinois nur zwei Senatoren stellt und der Demokrat Dick Durbin (einer von denen, die sich aus dem Repräsentantenhaus über lange Jahre hochgearbeitet haben) fest im Sattel saß, kam für das ganze Gedankenspiel nur der andere Sitz in Frage, der des Republikaners Peter Fitzgerald, der im Jahr 2004 zur Wiederwahl stand. Doch viel mehr als ein Gedankenspiel war auch das zunächst nicht. Denn Fitzgerald schlagen zu wollen, war genauso verwegen wie der Angriff auf Bobby Rush, auch wenn es diesmal gegen einen Republikaner gegangen wäre. Und sich in den *Primaries* durchzusetzen, würde auch nicht leichter als beim letzten Versuch. Obama führte vorläufig erst einmal viele Gespräche. Er fragte die, die es wissen mussten, wie das klappen könnte, wie seine Chancen wären, wie er es am geschicktesten anstellen müsste. Er fragte etwa seine Parteifreunde im Senat von Illinois, wo er ja immer noch Senator war, und bekam „recht positive Reaktionen". Positiv in dem Sinne, dass viele versprachen, Obama zu unterstützen, wenn er tatsächlich antreten sollte. Weniger positiv in der Kernfrage, ob sie ihm den Sieg nicht nur wünschten, sondern auch zutrauten: „Alle sagten: Lass das lieber", erinnert sich Obama heute. Einer von denen, die er um Rat fragte, war der erfahrene Politikberater Eric Adelstein. Der hielt Obama trotz mancher Bedenken für einen aussichtsreichen Kandidaten und war bereit, sich mit ihm zu treffen. Ende September 2001 waren beide zu einem Gespräch verabredet, um eine erste Strategie für die Operation „Senator Obama" zu entwerfen. Doch dann kam der 11. September 2001 dazwischen. Von allem anderen abgesehen – also davon, dass jetzt sowieso alle politischen Karten neu gemischt wurden, jeder erst einmal andere Sorgen hatte und so kurzfristig gar nicht klar war, was es heißen würde, künftig Politik in einem Land zu machen, das sich ab jetzt erklärtermaßen in einem Krieg, wenn auch in einem neuartigen „Krieg gegen den Terrorismus" befindet –, abgesehen von all dem, gab es plötzlich noch ein anderes Problem: Osama bin Laden war über Nacht einer der am häufigsten zitierten Namen, einer der meistgehassten Männer der Welt und in Amerika der unbestrittene Feind Nr. 1. Osama, das war nun das Böse schlechthin, und Obama trennte von diesem Dämonen nur ein einziger Buchstabe; geschrieben sahen sich die beiden Namen zum Verwechseln ähnlich. Spielte das wirklich eine Rolle? Würde wirklich irgendjemand so töricht sein, Obama nicht zu wählen, nur weil sein Name fast wie Osama klingt? Aus heutiger Sicht, jetzt, da Obama sich als Markenname etabliert hat, in aller Munde und als Anstecker und Auto-Aufkleber in Amerika allgegenwärtig ist, ist das nur noch schwer vorstellbar. Aber damals, als sowohl der Name Obama als auch der Name Osama bin Laden noch vielen neu und unvertraut war, schien das Problem schlechterdings unlösbar. Adelstein sagte das Treffen kurzfristig ab. „9/11 passierte, und sofort waren da all die Berichte über den Kerl, der das gemacht hatte, Osama bin Laden", erzählte Obama später, „Adelsteins Interesse an diesem Treffen war plötzlich verschwunden. Er sagte mir, dass die Sache mit dem Namen ab jetzt ein echtes Problem für mich sein würde. Und in Fairness zu Eric muss ich sagen, dass die Chancen, jemanden mit dem Namen Barack Obama in irgendein Amt gewählt zu bekommen, damals sehr dünn waren." Noch eine ganze Weile später, als Obama längst Kandidat war, kam es im Weißen Haus zu einer drolligen Begegnung zwischen dem Präsidenten und einer Besucherin aus

Chicago, die am Revers einen Obama-Sticker trug. „Er sah das, stutzte, und ich wusste genau, was er dachte", erzählte die junge Frau über die Begegnung mit Bush, „dann habe ich ihm erklärt, da stehe ‚Obama' und nicht ‚Osama'. Das sei ein Senatskandidat aus Illinois. ‚Den kenne ich nicht', sagte Bush, aber ich habe ihm gesagt: ‚Sie werden ihn kennenlernen.'"

Damit behielt die junge Frau recht. Denn Obamas Aufstieg war unaufhaltsam. Er hatte viel Pech und viel Glück, er machte dumme Fehler und war von seinem eigenen Ehrgeiz geblendet, aber auf Dauer ließ er sich einfach nicht entmutigen und suchte mit Brachialgewalt neue Chancen. Trotz 9/11 und der phonetischen Verwandtschaft zu Osama bin Laden fand er diese Chancen auch oder redete sich ein, Chancen zu erkennen, wo andere keine sahen. „Ich habe Barack gesagt: ‚Ich denke, du solltest nicht antreten'", erinnert sich Dan Shoman, Obamas langjähriger Berater, „ich sagte ihm, dass ich das wegen Michelle und der Kinder für falsch halten würde. Und er fühlte sich auch schuldig und hatte ein schlechtes Gewissen ... Aber er schaute mich an und sagte: ‚Ich trete trotzdem an.'" Auch David Axelrod, ein ausgebuffter und mit allen Wassern gewaschener Wahlkampfstratege in Chicago, auf dessen Hilfe Obama für seinen nächsten Wahlkampf zählte, sagte ihm, es sei „wahrscheinlich unrealistisch" für Obama, jemals eine Wahl zu gewinnen, über die alle Einwohner von Illinois entscheiden. Er riet ihm, lieber sein Glück in Chicago zu versuchen und die alte Idee im Blick zu behalten, eines Tages Bürgermeister zu werden. Doch Obamas Entscheidung stand jetzt fest. Und nachdem er schon keinen Erfolg hatte, seine Frau oder seine politischen Berater für die neue Idee zu begeistern, versuchte er sein Glück bei den alten Wahlkampfspendern des gescheiterten Kongresswahlkampfes, auf deren Spenden er auch jetzt wieder angewiesen sein würde. Marty Nesbitt war dabei, als Obama seinen Geldgebern eines Abends die Nachricht eröffnete:

„Barack kandidiert für den US Senat. Blahhh!! Ich bin von der Couch gefallen, im Ernst. Und alle haben angefangen zu lachen. Und er sagte: ‚Nein, ernsthaft, ich kandidiere für den Senat.'"

Kurz nach der mutigen, einsamen Entscheidung für diese Kandidatur stürzten zwei sehr unterschiedliche Nachrichten Obama in ein Wechselbad der Gefühle. Peter Fitzgerald gab völlig überraschend bekannt, dass er nicht mehr antreten werde. Für Obama erhöhte das die Chancen enorm, denn gegen einen Amtsinhaber anzutreten, wäre ungleich schwieriger geworden. Was eben noch nach reinem Wunschdenken aussah, war jetzt vielleicht doch eine realistische Chance: In Illinois gab es einen vakanten Senatssitz, und das kommt nur alle Jubeljahre vor. Doch auf die unverhoffte gute folgte die unverhoffte schlechte Nachricht, die Obama an die verflixte Pech- und Pannenserie seines letzten Wahlkampfes erinnerte: Carol Moseley Braun, eine linksliberale Schwarze aus Chicago, die als erste schwarze Senatorin überhaupt Geschichte geschrieben und später gegen Fitzgerald unglücklich verloren hatte, kündigte an, noch einmal zu kandidieren, um ihren alten Sitz zurückzuerobern. Niemand brauchte Obama zu erklären, was das bedeutete. Er würde noch einmal gegen eine Ikone der *Black Community* Chicagos antreten und würde noch einmal bitter verlieren. So dumm, kühn und verwegen, als schwarzer Aufsteiger gegen eine hochpopuläre schwarze Frau zu kandidieren, war nicht einmal Obama. Er fasste minutenschnell den Entschluss, den Weg für Moseley Braun freizumachen. Dabei wäre es geblieben. Doch es passierte wieder einmal etwas, womit kein Mensch rechnen konnte. Zur Jahreswende 2003/2004 gab Carol Moseley Braun bekannt, dass sie amerikanische Präsidentin werden wolle; ihren Senatswahlkampf nahm sie nicht wieder auf. Das war zwar eine verrückte Entscheidung, denn natürlich war sie im Kampf ums Weiße Haus chancenlos und konnte sich nicht einmal ernste Hoffnungen auf die Kandidatur der Demokratischen Partei machen. Aber ihr ging es, klug oder nicht klug, darum, einen historischen Fußabdruck zu hinterlassen: Die erste schwarze Frau, die für das Amt des Präsidenten kandidiert. Die Intentionen Moseley Brauns konnten Obama egal sein, nun machten halt andere die Fehler. Für ihn, und das war die Hauptsache, war der Weg in die *Primaries* 2004 jetzt endlich frei und der Weg nach Washington nur noch mit überwindbaren Hindernissen verstellt.

Allerdings, auch das war klar, würden die *Primaries* kein Spaziergang werden, sondern ein hartes politisches Gefecht. So wie beim ersten Wahlkampf für den Senat in Illinois, als Obama die Gegner noch vor dem Wahltag aus dem Rennen boxte, bis er selbst als Einziger übrig war, würde es nicht noch einmal laufen. Immerhin sieben Kandidaten traten in den Vorwahlen an, darunter politische Schwergewichte wie Dan Hynes, der Favorit im Establishment der Partei, und Blair Hull, Manager und Millionär, der lange Zeit in den Umfragen führte und zwischenzeitlich wie der sichere Sieger aussah. Dabei wäre es wohl auch geblieben, wenn nicht kurz vor der Wahl bekannt geworden wäre, dass er früher seine Frau geschlagen hatte und die Polizei als Schlichter wüster Ehestreits ein Stammgast in seinem Haus war. Obama erkannte richtig, dass das nicht unbedingt eine gute Nachricht für ihn war, denn ohne Hull hätte der andere weiße Favorit den Sieg so gut wie in der Tasche gehabt. Aber Hull tat das Unerwartete, blieb, jetzt abgeschlagen, bis zuletzt im Rennen und nahm Hynes gerade so viele Stimmen weg, dass Obama gewinnen konnte.

Beim Auszählen der Stimmen überraschte nicht nur der klare Sieg über sechs sehr unterschiedliche Gegner. Am meisten überraschte die große Zustimmung, die Obama in den weißen Gegenden von Illinois erfahren hatte. Er hatte noch in den Vororten von Chicago gewonnen, in denen Schwarze per se als unwählbar galten. Aber Obama, so fiel den Strategen zum ersten Mal auf, ist kein „schwarzer" Kandidat im alten Sinne; er kommt bei allen gut an. Die Parteizentrale in Washington nahm zum ersten Mal Notiz von Obama. Auf das Senatsrennen in Illinois hatte man ursprünglich nicht viel Hoffnung gesetzt. Doch nun, im März 2004, sprach sich herum, dass es dort einen aussichtsreichen Kandidaten gab, der eines der für den parlamentarischen Machtwechsel in Washington dringend gebrauchten Mandate liefern könnte, wenn man ihm ein bisschen unter die Arme greifen würde. Die Parteizentrale in der Hauptstadt schickte Barack Obama ihre PR-Profis und frisches Geld.

Auch die Medien außerhalb von Illinois wurden auf Obama aufmerksam. Seit dem medialen Strohfeuer 14 Jahre zuvor, als er der erste schwarze Chefredakteur der *Harvard Law Review* wurde, und der Aufmerksamkeit, die sein erstes Buch in der *Black Community* und linksliberalen Kreisen erfahren hatte, hatte er in der nationalen Presse keine Rolle mehr gespielt. Jetzt reisten die ersten Starreporter aus New York, Washington und Los Angeles an, um sich den Kerl genauer anzusehen. Das Magazin *New Yorker* brachte eine lange Story über ihn und erkannte, dass hier ein neues Gesicht auf der Bildfläche erschienen war, das nicht wieder verschwinden würde. Alles kam nun für Obama günstig zusammen.

Es blieb nur ein Problem übrig, und das hieß Jack Ryan. Der Kandidat der Republikaner, auch er ein Multimillionär und eine etablierte Größe in Illinois, war zwar nicht unschlagbar, aber gut positioniert, und auch ihn unterstützte jetzt die Parteizentrale in Washington mit den besten Leuten, denn George W. Bush wollte auf keinen Fall die knappe Senatsmehrheit verlieren. Fitzgeralds Sitz sollte in republikanischer Hand bleiben. Wie der Zweikampf ausgegangen wäre, ist schwer zu sagen. Doch es kam gar nicht dazu. In einer überraschenden Wendung, die sowohl für amerikanische Wahlkämpfe als auch für Obamas unverschämtes Glück durchaus typisch war, musste Ryan seine Kandidatur eines Tages aufgeben: Irgendwer, vielleicht unter Mithilfe der demokratischen PR-Profis, hatte alte Gerichtsakten ausgegraben, die den vornehmen Jack Ryan von einer bis dahin unbekannten Seite zeigten. Er hatte mit seiner früheren Frau, einer Hollywood-Schauspielerin, Sex-Clubs besucht und sie dort, angeblich gegen ihren Willen, animiert, Striptease zu tanzen. Jedenfalls hatte die Ex-Frau das in einem Sorgerechtsstreit um das gemeinsame Kind behauptet. Das ist genau das Material, von dem demokratische Wahlkämpfer träumen; es beendet republikanische Politkarrieren schnell und dauerhaft. Jack Ryan, der bis heute sagt, er sei Opfer einer gemeinen Kampagne von seinen politischen Gegnern im Verbund mit seiner Ex-Frau geworden, trat ab und ließ seine verwirrte Partei kurz vor der Wahl ohne Kandidaten zurück. Blickt man auf den ganzen Wahlkampf um Fitzgeralds Sitz, von den Vorwahlen in beiden Parteien bis zum Ausscheiden von Jack Ryan, kann man sagen, dass von ursprünglich mehr als einem Dutzend Aspiranten in beiden Parteien kurz vor der Wahl nur noch ein einziger übrig war: Barack Obama.

Noch einmal: Peter Fitzgerald, der etablierte republikanische Senator, den Obama kaum hätte schlagen können, stellte sich völlig überraschend nicht zur Wiederwahl; Carol Moseley Braun, die legendäre erste schwarze Senatorin der USA, für die Obama selbstverständlich den Platz in den *Primaries* hätte frei machen müssen, überlegte es sich überraschend anders und trat doch nicht für den Senat an, sondern verfiel der Wahnsinnsidee, Präsidentin werden zu wollen; Blair Hull, der klare Favorit in den demokratischen *Primaries*, wurde kurz vor dem Wahltag durch Bekanntwerden seiner gewalttätigen Ehestreitigkeiten politisch demontiert, blieb aber im Rennen und nahm so dem anderen weißen Favoriten wichtige Stimmen weg; Jack Ryan, der starke republikanische Kandidat, stolperte über eine alte Sex-Club-Episode und trat wenige Wochen vor der Wahl ab. Wieviel mehr Glück kann man in der Politik eigentlich erwarten? „Leichter als so ins Amt zu kommen würde heißen, gleich ernannt statt gewählt zu werden", sagt Charlie Cook kopfschüttelnd. Der Herausgeber des *Cook-Report* in Washington, einer der besten Kenner der politischen Szene in den USA überhaupt, hat niemals einen Politiker gesehen, dem ein Sitz im *United States Senate* dermaßen in den Schoß gefallen ist: „Wann gibt es das schon, dass jemand in den Senat kommt, ohne dass auch nur ein einziger Werbespot im Fernsehen gegen ihn gelaufen ist?" Und Ron Walters, Politologe an der Universität von Maryland, geht noch einen Schritt weiter: „Wenn die Republikaner damals einen überzeugenden Kandidaten gehabt hätten, dann gäbe es heute keinen Barack Obama."

Also alles Glückssache? Einfach nur Schwein gehabt? Obama ein politisches Zufallsprodukt? Nein, so einfach ist es sicher nicht. Im Gegenteil, es gibt diejenigen, die recht überzeugend erklären, warum Obama eben kein historischer Zufall, sondern eine historische Notwendigkeit ist, das Ergebnis einer ganz bestimmten politischen und gesellschaftlichen Entwicklung, die früher oder später beinahe zwangsläufig jemanden wie ihn hervorbringen musste. „Das Land war auf eine einzigartige Weise bereit, ihn genau in dem Moment, in dem er erschien, dankbar anzunehmen", sagt Andrew Kohut, Chef des Pew Research Centers in Washington, einem der wichtigsten Meinungsforschungsinstitute in den USA. Bei Kohut klingt es allerdings mehr, als spreche er von der Ankunft des Messias als vom Wahlsieg eines Politikers. Und tatsächlich spielen Heilserwartungen hier eine gewisse Rolle. „Die Leute sind unglücklich mit dem Status quo, sie wollen etwas anderes, etwas Neues, sie suchen den politischen Wandel, und Barack Obama personifiziert all das." Umfragen, sagt Kohut, zeigen, dass man ihn vor allem als „jung", „neu", „charismatisch" und „intelligent" wahrnimmt.

Etwas anderes kommt noch hinzu. Zwei große historische Mythen der amerikanischen Geschichte existieren seit Jahrhunderten miteinander und nebeneinander, und sie stehen zueinander in einem problematischen Spannungsverhältnis. Das eine ist der Mythos der Einwanderer, die mittellos, aber mit Elan und Hoffnung nach Amerika kamen, das Land aufbauten und individuell die sagenhaftesten Karrieren machten, „vom Tellerwäscher zum Millionär", wie es klischeehaft heißt. Das andere ist die Geschichte der aus Afrika geholten Sklaven, der Schwarzen, die zwar schließlich in die Freiheit entlassen wurden, aber bis heute den Kern der städtischen Unterschicht bilden und nur in Ausnahmefällen, nie aber als Gruppe insgesamt, eine erfolgreiche Geschichte von Integration und Aufstieg vorweisen konnten, die denen anderer Einwanderer vergleichbar gewesen wäre. Die Schwarzen, heißt es oft in den USA, wenn die *Political Correctness* außer Acht gelassen wird, seien die einzige Einwanderungsgruppe, die es nicht zur Erfolgsstory gebracht hat. Wer so redet, übersieht freilich, dass die Schwarzen eben nicht eingewandert, sondern unter Zwang und Gewalt ihrer Heimat entrissen wurden. „Es sieht so aus, als würden diese beiden Geschichten mit Obama auf eine neue Weise zusammengeführt. Vielleicht kann er das Wunder vollbringen, beide Geschichten zu versöhnen und damit auch Amerika insgesamt im Innern auszusöhnen", sagt Jedediah Purdy, wie Obama Jurist, und einer der klügsten jungen Autoren in den USA. Kohut und Purdy zielen in gewisser Weise beide auf dasselbe ab: Obama, mag er auf seinem Weg nach oben noch so viel Glück gehabt haben, ist eine Art Kulturphänomen, in dem sich bestimmte historische Entwicklungen und die Besonderheit dieser historischen Situation widerspiegeln. Sein Aufstieg, auch sein weiterer Aufstieg, hat in dieser Perspektive trotz aller unbestreitbaren Zufälle etwas beinahe Unvermeidliches.

Ähnlich müssen diejenigen gedacht haben, die 2004 auf die Idee kamen, Obama den prominentesten Auftritt zu schenken, den die Partei einmal in vier Jahren zu vergeben hat: Die *Keynote Speech* beim Nominierungsparteitag der Demokraten in Boston. Diese Rede – traditionell eine Mischung aus Grundsatzrede, Wahlkampfauftakt und Appell an die nationalen Einheit – hat in beiden Parteien eine lange Tradition. Die Erwartungen an diese Rede sind enorm, die historischen Vorbilder respektein-flößend; im Gegenzug erwarten den Redner im Idealfall dauer-hafter Ruhm und ein kurzfristiger Popularitätsschub. Außerdem erwarten ihn – und das ist nicht zu unterschätzen – zehn Millio-nen Fernsehzuschauer. Auch dieses unbezahlbare Geschenk fiel Obama unerwartet zu. Und es veränderte binnen einer halben Stunde sein Leben und seine Laufbahn stärker und nachhaltiger als jeder bisherige Wahlsieg.

Wie so oft standen andere auf der Liste möglicher Redner viel weiter oben als Barack Obama. Erste Gerüchte, dass ihm die-se Ehre trotzdem widerfahren könnte, nahm Obama nicht ein-mal ernst: „Ich war sehr skeptisch, als ich das hörte. Denn so etwas gibt man normalerweise nicht einem kleinen Senator in einem Bundesstaat." Typischer wäre tatsächlich die Wahl eines Gouverneurs gewesen, am besten aus einem Bundesstaat, der auch für den Präsidentschaftskandidaten wahlentscheidend sein könnte. Doch dem Team von John Kerry ging es um etwas an-deres, als man im Frühsommer 2004 begann, Namen und Ge-sichter zu sortieren, Ideen zu entwickeln und eine Art Drehbuch für den Parteitag in Boston zu schreiben. Zu diesem Drehbuch gehörte die vorgegebene Reihenfolge der Redner an drei der vier Abenden: Bill Clinton würde am ersten Abend sprechen und die guten alten Zeiten beschwören, John Edwards als Vizeprä-sidentenkandidat würde am Mittwochabend reden und die Par-teilinke bedienen, und der letzte Abend gehörte natürlich John Kerry. Am Dienstagabend hatte das Drehbuch Platz gelassen für die *Keynote Speech*. Aber wer sollte reden? Einig war man sich im Kerry-Team, dass ein positiver Akzent gesetzt werden soll-te: bloß keine Bush-Beschimpfung auf Michael-Moore-Niveau, bloß keine Miesmacherei. Amerikanische Wahlen werden mit Optimismus gewonnen. „Wir suchten jemanden, der Hoffnung verbreiten konnte, und nicht nur Hoffnung verbreiten, sondern der auch in der Lage war, diese Hoffnung mit einem Plan zu verbinden", sagt Donna Brazile, Beraterin von John Kerry. Außerdem sollte es – im Kontrast zu Bill Clinton und John Kerry – ein junges, frisches Gesicht sein, das schon aus „der nächsten Führungsgeneration kommt". Die Favoriten hießen nach einigen Recherchen und Beratungen: John Warner, Gouverneur von Virginia, Bill Richardson, Gouverneur von New Mexico, und Tom Vilsack, Gouverneur von Iowa. Die politische Logik und Weitsicht dieser Liste wurde später bestätigt, als alle drei ihre Präsidentschaftskandidatur für 2008 ankündigten. (Mark Warner schied allerdings frühzeitig aus, und Richardson und Vilsack gelten als Außenseiter.) Doch alle fanden zwar Zustimmung, aber keine Begeisterung bei den Parteitagsregisseuren. „Wir haben versucht, kreativ zu denken", sagt einer der Kerry-Berater, der damals am Auswahlprozess beteiligt war. Und die Kreativität führte von den etablierten Kandidaten weg, hin zu Jennifer Granholm. Die national noch wenig bekannte, aber hochtelegene Gouverneurin von Michigan repräsentierte einen der wichtigen Staaten im Mittleren Westen und wäre genau das „frische Gesicht" gewesen, das man sich wünschte. Den Frauenbonus hätten die Parteitagsstrategen auch gern mitgenommen. Alles sprach für sie, und um Haaresbreite wäre die Entscheidung zu ihren Gunsten ausgefallen. Doch Mary Beth Cahill, Wahlkampfchefin von John Kerry, drängte darauf, auch Barack Obama in den kleinen Kandidatenkreis aufzunehmen. Selbst kennengelernt hatte sie Obama noch nicht. Aber die euphorische Berichterstattung über seine Wahlkampfreden in Chicago und die Fotos eines dynamischen jungen Farbigen hatten sie aufmerken lassen. Nach gründlichem Studium aller Aspekte sprach für Barack Obama nicht viel weniger als für Jennifer Granholm. Doch die Gouverneurin brauchte selbst keine Wahlkampfhilfe. Was Obama entscheidend half, war paradoxerweise sein Wahlkampf in Illinois, der sich gerade zu diesem Zeitpunkt durch den Rücktritt von Jack Ryan ohnehin zu seinen Gunsten zu entscheiden schien. Doch in der Parteizentrale sah man das anders. Die Angst vor einem prominenten Ersatzkandidaten, den die Republikaner in letzter Minute aus dem Hut zaubern könnten, um den Senatssitz zu verteidigen, gab den Ausschlag: Obama sollte den spektakulären Auftritt bekommen und damit beiläufig den wichtigen Wahlsieg in Illinois in trockene Tücher bringen. Als Barack Obama kurz vor dem amerikanischen Unabhängigkeitstag am 4. Juli im Auto den Anruf von Mary Beth Cahill mit der Nachricht erhielt, dass die Parteiführung ihn ausgewählt hatte, war er nach eigener Erinnerung völlig überrascht und benommen. Verwirrt habe er zu seinem Chauffeur gesagt: „Ich glaube, das ist eine große Sache." Doch hier zeigt sich Obamas gelegentlicher Hang zur Selbststilisierung. Er konnte gar nicht überrascht und benommen sein, denn die Nachricht hatte ihn zu diesem Zeitpunkt, wie seine Mitarbeiter bestätigen, schon auf andere Weise erreicht. Davon abgesehen, hatte er aber recht: Was auf ihn zukam, war eine große Sache.

Am zweiten Tag des Parteitages in Bostons *TD Banknorth Garden*, damals noch „FleetCenter" genannt, Ende Juli 2004, war die Stimmung von Nervosität und Ratlosigkeit geprägt. Der Auftakt tags zuvor mit der großen Rede von Bill Clinton war zwar nicht misslungen, aber er hatte das Dilemma dieser Partei und dieses Wahlkampfes doch gleich deutlich werden lassen: Bill Clinton war längst Geschichte, aber er war um Klassen besser als John Kerry. Das waren gleich zwei schlechte Nachrichten auf einmal. Das Motto des ersten Tages, „Plans for America's Future", hatte auch nicht recht zur Clinton-Nostalgie gepasst. Und auch das Parteitagsprogramm, 43 Seiten unter dem etwas lächerlichen Titel „Strong at Home, Respected in the World", war kein euphorisches Startsignal für den Wahlkampf, sondern ein mühselig erarbeitetes Kompromisspapier, mit dem die verschiedenen Parteiströmungen zusammengehalten werden sollten. Nicht vom zweiten, sondern erst vom dritten Abend mit John Edwards versprach man sich so etwas wie Aufbruchsstimmung. Von den vier inszenierten Abenden der „National Convention" (und es zählen fast nur die Abende, während dic Tage den Delegierten gehören und von den Medien nur wenig beachtet werden) galt der zweite Abend als der mutmaßlich schwächste und uninteressanteste: Zwischen Clinton, Edwards und Kerry nahm sich der Name Barack Obama im Parteitagsprogramm wie ein Druckfehler aus; die meisten Delegierten und Journalisten hatten seinen Namen noch nie gehört, und manche schwänzten den Abend, um das ungewöhnlich gute Wetter in Boston zu genießen. Über dem Saal mit den 20 000 Sitzplätzen lag ein beständiges Gemurmel kleiner Gruppen, die die Lage der Partei diskutierten. Ted Kennedy eröffnete den Abend mit einer scharfzüngigen, im echten Sinne linken Rede, die bei den Delegierten gar nicht schlecht ankam, aber den Strategen im Hintergrund wegen ihrer Aggressivität missfiel. Außerdem zeigte sich die Partei mit Kennedy noch stärker rückwärtsgewandt als mit ihrem Präsidentschaftskandidaten. In der Garderobe umarmte Michelle Obama ihren Mann und sagte: „Vermurks das bloß nicht!" Um 21 Uhr, zu genau der Sendezeit, die in allen amerikanischen Zeitzonen die meisten Zuschauer verspricht, betrat Obama die Bühne. Die Parteitagsregisseure hatten hunderte von Schildern verteilt, mit denen jetzt jubelnd gewinkt wurde, damit es für die Fernsehzuschauer so aussah, als betrete gerade ein weiterer Politstar vom Kaliber Bill Clintons die Bühne. Tatsächlich kannten die meisten, die brav die Schilder schwenkten, Obama überhaupt nicht. Er hatte noch keine Fans, als er die Bühne betrat. Aber er verließ sie als Star.

„Let's face it ...", begann Obama nach den Begrüßungsfloskeln flott und salopp, also etwa: „Jetzt mal im Ernst" oder „Man kann nicht drumherum reden..." Und dann sprach er von sich, stellte sich vor, erzählte seine Geschichte, aber verknüpfte diese Geschichte auch schon mit dem größeren Thema: Wo stehen wir heute? Was macht Amerika im Kern aus? Was müssen wir tun?

„Dass ich einmal auf dieser Bühne stehen würde", sagte Obama, „war eigentlich recht unwahrscheinlich. Mein Vater war ein ausländischer Gaststudent, geboren und aufgewachsen in einem kleinen Dorf in Kenia. Er hat als Kind die Ziegen gehütet und ist in einer Blechhütte zur Schule gegangen. Sein Vater, also mein Großvater, arbeitete als Koch und Hausdiener ... Meine Mutter wurde am anderen Ende der Welt geboren, in Kansas ... Meine Eltern verband nicht nur eine Liebe, die an sich schon unwahrscheinlich war. Es verband sie auch der unerschütterliche Glaube an die Möglichkeiten dieser Nation ... Ich stehe hier heute Abend, dankbar für die Vielfalt in meiner Herkunft, im Bewusstsein, dass die Träume meiner Eltern in meinen Töchtern weiterleben. Ich stehe hier und weiß, dass meine Geschichte Teil der größeren amerikanischen Geschichte ist, dass ich in der Schuld all derer stehe, die vor mir gekommen sind, und dass meine Geschichte in keinem anderen Land der Welt überhaupt möglich gewesen wäre. Wir sind heute Abend hier, um uns der Größe unserer Nation zu vergewissern – nicht weil unsere Wolkenkratzer so hoch sind oder unsere Armee so stark ist oder unsere Wirtschaft so mächtig. Nein, unser Stolz basiert auf der einfachen Prämisse, die vor über 200 Jahren in einer Erklärung zusammengefasst wurde: ,Wir halten diese Wahrheiten für unbestreitbar: dass alle Menschen gleich sind. Dass sie alle von ihrem Schöpfer mit unveräußerlichen Rechten ausgestattet sind, darunter Leben, Freiheit und das Streben nach Glück.' Das ist das Geniale an Amerika: Das Festhalten an einfachen Träumen, der Glaube an kleine Wunder."

War es das, was die Parteitagsregisseure von Barack Obama erwartet hatten? Sprach hier nicht einer mit einem Anspruch, der weit über das vorgegebene Ziel hinausschoss, einer, der klang, als wolle er, statt billige Wahlkampfhilfe zu leisten, viel lieber selbst Präsident werden? Mag sein. Doch der Saal tobte. Die Reaktionen der Zuschauer waren extrem, und sie waren hochemotional. Schon hier, im ersten Teil der Rede, begannen viele zu weinen. Und auf der Pressetribüne wurde es ungewohnt still. Keiner wusste genau, was los war. Aber alle spürten, dass hier gerade etwas Ungeheuerliches geschah. Und unten im Innenraum, wo sich Obamas Berater David Axelrod unters Volk gemischt hatte, um zu beobachten, wie sein Mann und die Rede, die er gemeinsam mit Obama und anderen über Wochen erarbeitet hatte, nun ankamen, war sich das Obama-Team des Erfolges schon jetzt gewiss. „Manchmal weiß man schon beim Geräusch des Aufpralls vom Ball auf den Baseballschläger, dass es ein *Home Run* wird, und so war es damals", sagt Axelrod. Er und die anderen hätten sich nach dem ersten Redeabschnitt angeschaut „und gefreut wie die Kinder an Weihnachten". Es lief, und es lief gut.

Obama war jetzt ganz in seinem Element. Er sprach leidenschaftlich und mit wachsendem Tempo. Er sah gut aus vor der bläulich schimmernden Kulisse, die die Farbberater der Parteitagsregisseure der Vertrauen einflößenden Wirkung wegen entworfen hatten – und für die sich Obama in letzter Minute eine passende hellblaue Krawatte geborgt hatte. Er, der schmächtige Mann im taillierten dunklen Anzug, füllte die große Bühne gut aus, besser sogar als die alten politischen Schwergewichte, die einer nach dem anderen in diesen Tagen auf dieser Bühne standen. Und die stärksten, eindringlichsten, packendsten Teile der Rede kamen erst noch.

„Neben unserem berühmten Individualismus gibt es noch einen anderen Bestandteil der amerikanischen Saga: Den Glauben, dass wir alle miteinander verbunden sind als ein Volk. Wenn es auf der South Side von Chicago ein Kind gibt, das nicht lesen kann, dann betrifft das auch mich, auch wenn es nicht mein Kind ist. Wenn es irgendwo einen älteren Menschen gibt, der seine Medikamente nicht bezahlen kann und entscheiden muss zwischen Miete zahlen und Medikamente kaufen, dann macht das auch mein Leben ärmer, auch wenn es nicht mein Großvater ist. Wenn irgendwo eine arabisch-amerikanische Familie festgehalten wird ohne fairen Prozess und ohne Anwalt, dann bedroht das auch meine Bürgerrechte. Es ist dieser fundamentale Glaube – ich bin der Beschützer meines Bruders, ich bin der Beschützer meiner Schwester –, der dieses Land ausmacht. Dadurch können wir unsere individuellen Träume verfolgen und doch immer wieder zusammenkommen als eine amerikanische Familie. E pluribus unum. Aus vielen eins!" Jetzt flossen wieder die Tränen.

Obama hatte Ton und Richtung der Rede geschickt verändert, von seiner persönlichen Lebensgeschichte zur amerikanischen Urerfahrung von Aufbruch und Weggemeinschaft. Doch dabei klang es immer weniger nach einer Rede zur Wählermobilisierung und zur Unterstützung des Präsidentschaftskandidaten John Kerry; es klang immer mehr wie eine Rede zur Lage der Nation. Sicher, die gewünschte Wahlkampfhilfe für Kerry lieferte Obama auch, mehr als pflichtschuldig, sehr ordentlich, aber doch ohne volle Überzeugungskraft. Und als er den Teil abgearbeitet hatte, redete er eigentlich nur noch von sich und von Amerika. Aber er tat es mit einer Kraft, die auch altgediente amerikanische Beobachter ungemein beeindruckte.

Einen beinahe magischen Höhepunkt erreichte die Rede in ein paar Sätzen, die in den Tagen darauf unaufhörlich im Fernsehen wiederholt wurden und schon jetzt, wenige Jahre später, zum Standardrepertoire amerikanischer Zitate, zum Besten der politischen Rhetorik und zum vielseits verwendeten Unterrichtsmaterial in amerikanischen Schulen gehören. Es sind Zeilen, die die polarisierenden Begriffe von „roten" und „blauen" Staaten aufnehmen, also von den angeblich stockkonservativen, republikanischen Bundesstaaten, wo nur bibeltreue Waffenbesitzer leben, und den angeblich verlotterten linksliberalen *Blue States*, wo in dieser klischeehaften Scheinlogik gottlose Weltverbesserer, Schwule und verkappte Sozialisten vermutet werden. Das ist so das gängige Vorurteil über die politische Landkarte Amerikas, mal kokett und provozierend, mal voller Verachtung und Abscheu diskutiert. Obama nahm diese Sprache der Spaltung und ideologischen Besitznahme auf und verwandelte sie in etwas Neues: „Die Streitköpfe lieben es, unser Land zu zerlegen und zu zerstückeln, in rote Staaten und blaue Staaten, rote für Republikaner und blaue für Demokraten. Aber auch für sie habe ich Neuigkeiten: Wir verehren einen wunderbaren Gott in den blauen Staaten, und wir können es nicht leiden, wenn ein Bundesbeamter in den Büchereien der roten Staaten herumschnüffelt. Wir trainieren mit unseren Kindern Baseball in den blauen Staaten, und wir haben schwule Freunde in den roten Staaten. Es gibt Patrioten, die gegen den Irak-Krieg waren, und Patrioten, die für den Krieg waren. Wir sind ein Volk, und wir schwören alle unsere Treue zu den Stars und Stripes, wir verteidigen alle gemeinsam die Vereinigten Staaten von Amerika." Barack Obama musste diese letzten Sätze mit großem Tempo und viel Lautstärke durchdrücken, denn der Applaus hatte sich während seiner Aufzählung ins Hysterische gesteigert. Noch einmal war etwas passiert, etwas, was man auf die Schnelle nicht genau verstehen, aber in der Halle deutlich spüren, ja fast mit Händen greifen konnte: Glücksgefühle, Hypnose, Rausch. Erst viel später würde einem auffallen, dass hier eine starke Dosis Patriotismus im Spiel war, dass das erstaunlicherweise auch bei Demokraten sehr gut ankommt und dass Obama eigentlich eine für ihn untypische, nämlich unpolitische Rede gehalten hat. Aber darauf kam es an diesem Abend nicht an. Für den Augenblick zählte nur, dass Publikum und Redner hier auf eine beinahe religiöse Weise miteinander kommunizierten. „A star is born" – die Schlagzeile vieler Zeitungen am nächsten Tag – war so gesehen eine Untertreibung. Richtiger wäre gewesen: Der Heiland ist gekommen. Dass hier tatsächlich, jedenfalls in der darunterliegenden Psychologie, messianische Erwartungen eine Rolle spielen, offenbart ein Zitat von Robert Gibbs, der hinter der Bühne die Rede auf dem Bildschirm verfolgte, die überwältigende emotionale Wirkung aber deutlich spürte: „Als ich sah, wie Leute reagierten, wie manche die Kontrolle über sich selbst verloren, wie manche weinten, da dachte ich, dass ich so etwas noch nie in meinem Leben erlebt habe, etwas derart Mächtiges. Und wissen Sie, ich weiß nicht, was das zu sagen hat, aber ich konnte damals nicht anders als zu denken: Ist er es? Ist er derjenige, auf den wir gewartet haben?" Obama hatte seine Zuhörer also tatsächlich in einen politisch-religiösen Rausch gestürzt.

Der Rest war wie jedes Erleben im Rausch: Es kommt nicht mehr drauf an. Obama sprach noch ein paar Minuten. Aber er hätte jetzt alles sagen können, es war gleichgültig. Die ersten der verblüfften Reporter hatten sich schon wieder gefasst und begannen, euphorische Artikel zu schreiben, noch bevor die Rede beendet war. „Der wird mal Präsident", rief jemand in die Runde und erntete allseits zustimmendes Kopfnicken. Obama war jetzt am Schluss angekommen, wo er noch einmal in einer Art volkstümlicher Dialektik Begriffe wendete, bis sie in einem neuen Zusammenhang erschienen und jeder zustimmen konnte. „Hoffnung" hieß das Wort, das er jetzt variierte und für ein letztes pathetisches Crescendo seiner Rede nutzte: „Am Ende geht es bei dieser Wahl darum: Machen wir weiterhin mit bei der Politik des Zynismus oder machen wir mit bei der Politik der Hoffnung? ... Ich meine nicht blinden Optimismus, sondern etwas viel Substantielleres: Es ist die Hoffnung von Sklaven, die am Feuer sitzen und Freiheitslieder singen; es ist die Hoffnung von Einwanderern, die zu fernen Ufern aufbrechen; es ist die Hoffnung eines mageren Jungen mit einem drolligen Namen, dass es in Amerika auch für ihn einen Platz gibt. Das Wagnis der Hoffnung! Am Ende ist das das größte Geschenk Gottes, das Herzstück dieser Nation; der Glaube an Dinge, die noch niemand gesehen hat; der Glaube daran, dass bessere Tage vor uns liegen. Ich glaube, dass wir unsere Mittelklasse entlasten können und den Arbeiterfamilien den Weg zu besseren Chancen ebnen können. Ich glaube, dass wir den Arbeitslosen Arbeit und den Obdachlosen ein neues Zuhause geben können. Ich glaube, dass wir junge Menschen in den Städten Amerikas vor Gewalt und Verzweiflung bewahren können. Ich glaube, dass wir jetzt, da wir als Nation an einer Weggabelung der Geschichte stehen, die richtigen Entscheidungen treffen und die Herausforderungen meistern können. Amerika!" – In diesem einen Wort schien sich nun endgültig ein beispielloser Führungsanspruch zu manifestieren: Amerika! Obama sprach jetzt wie der Präsident, wie der Vater der Nation, und was noch am Anfang der Rede eine freche Anmaßung gewesen wäre, klang jetzt, nicht einmal 20 Minuten später, in Wortwahl und Ton ganz plausibel: Hatte hier nicht jemand den Kern aller Politik berührt? Hatte Obama nicht klargemacht, dass die Politik einem Zweck dient, und der Zweck ist die Nation, und die Nation dient allen Menschen gleichermaßen? Amerika! Obama und seine Redenschreiber, man glaubt es ihnen, führten nichts Hintersinniges oder Durchtriebenes im Schilde, sondern versuchten einfach die beste, mitreißendste Rede zu liefern, die dieser Mann in diesem Moment liefern konnte, aber was dabei herauskam, war Meisterleistung und Machtanspruch zugleich: „Amerika! Wenn ihr heute Abend die gleiche Energie spürt, die ich spüre, die gleiche Dringlichkeit wie ich, die gleiche Leidenschaft, die gleiche Hoffnung – wenn wir wissen, was wir zu tun haben, dann habe ich keinen Zweifel, ... dass dieses Land sein Versprechen wiedergewinnen wird, und dann wird aus dieser langen Zeit politischer Dunkelheit ein hellerer Tag entstehen. Danke und Gott schütze euch!" Noch einmal Beifall, Euphorie und Hysterie, Tränen, Jubel und Umarmungen. Das FleetCenter bebte wie bei einem Rockkonzert. Michelle Obama betrat die Bühne und klopfte ihrem Mann wohlwollend auf die Schulter. Zusammen sahen sie aus wie der Präsident und die First Lady. Winken, Händeschütteln, Abgang.

In der Halle ging das kalte Saallicht an, die Party war vorbei, der

Rausch vorüber. Die Fernsehsender beendeten die Live-Übertragung und begannen die Nachlese. Chris Matthews, konservativer Moderator des Senders MSNBC, sprach als Erster aus, was alle dachten: „Wow!" Im Staun- und Bewunderungslaut kam die spontane Begeisterung ebenso gut zum Ausdruck wie die Ratlosigkeit: Was bedeutet das nun? Ist das der Augenblick, auf den so viele gewartet haben? Bekommt John Kerry jetzt den Rückenwind, den er braucht? Oder hat die Rede Kerry kaum genutzt, ja vielleicht sogar geschadet, weil sich in Obamas Stärken jede Schwäche des Präsidentschaftskandidaten widergespiegelt hat? „Eine fabelhafte Rede", schwärmten jetzt sogar die konservativen Talkshowgäste wie der Republikaner Jack Kemp, und Wolf Blitzer, *Anchorman* von CNN, fühlte sich „elektrisiert". Lawrence Tribe, Obamas akademischer Lehrer und Mentor, sagte: „Ich wusste, dass er eloquent ist. Ich wusste, dass er leidenschaftlich an bestimmte Dinge glaubt. Aber ich hatte keine Ahnung, dass er ein rhetorischer Zauberkünstler ist." David Brooks, einer der einflussreichsten konservativen Kommentatoren, war sich jetzt sicher, „dass dieser Typ eines Tages als Präsident oder Vizepräsident kandidiert". Was die meisten in diesen ersten Minuten und Stunden nach der Rede vergessen hatten, war, dass Obama bislang nicht mehr war als ein einfacher *State Senator* in Illinois, ein Provinzpolitiker, der den meisten Amerikanern noch bis vor kurzem, ja bis zum Beginn des Abends, vollkommen unbekannt war. Und vergessen wurde in der ersten Euphorie auch, dass es schon viele bejubelte Parteitagsredner gegeben hat, denen unmittelbar nach ihren Reden die größten Karrieren vorausgesagt wurden, die dann aber später in der politischen Bedeutungslosigkeit verschwanden: Barbara Jordan, die erste Schwarze, die eine *Keynote Speech* bei einem Nominierungsparteitag halten durfte, galt 1976 als neuer Politstar, und ihre Rede hält man bis heute für eine der besten, die je gehalten wurden. Und Mario Cuomo, New Yorks früherer Gouverneur, euphorisierte die Nation 1984 ähnlich wie jetzt Obama, doch die Präsidentschaftswahl 1984 ging dennoch verloren, und Cuomos eigene Ambitionen Jahre später führten zu gar nichts. Wurde also Obamas Rede ganz einfach überschätzt, im ersten Rausch eines großen Abends? Oder präziser: Wurde Obama selbst überschätzt?

Längst sind die ersten Doktorarbeiten über Obamas Rede geschrieben worden, längst haben Wissenschaftler über ihre Qualität gestritten, und auf Kolloquien wurde die Rede so lange durchleuchtet, bis ihre einzelnen Bestandteile analysiert und ihre Entstehungsgeschichte rekonstruiert war. Was dabei herauskam, war nicht immer großartig. Man stellte fest, dass Obama die Rede in Einzelteilen in seinem Wahlkampf ausprobiert und genau beobachtet hatte, auf welche Sätze das Publikum am stärksten reagierte. Sogar sein alter Freund Dan Shoman räumte ein: „Es war eigentlich nur eine Variation seiner Reden aus Konservendosen." Und obwohl Obama selbst die erste Fassung der Rede geschrieben hatte, konnte man ihm mühelos nachweisen, vieles von anderen abgekupfert zu haben. Die später berühmt gewordene Wendung „The Audacity of Hope", das „Wagnis der Hoffnung", war eben der Titel jener Predigt, die er Jahre zuvor von seinem Pfarrer in Chicago, Jeremiah Wright, gehört hatte. Manche Untersuchungen zeigten, dass sich Obama einfach die erfolgreichsten Denk- und Redemuster großer amerikanischer Rhetoriker zusammengesucht hatte und dabei einem Plagiat nahekam: „Er hat kräftig ausgeliehen bei Martin Luther King, John F. Kennedy und in der jüngeren Geschichte bei Ronald Reagan", sagt der Kommunikationswissenschaftler Scott Deatherage, der die Rede analysiert hat. Noch gefährlicher für Obama waren Angriffe nicht auf die Substanz der Rede, sondern die psychologischen Gründe für ihre begeisterte Aufnahme durch das amerikanische Publikum: „Die krankhaft übertriebene Beschreibung von Obamas ‚Eloquenz' kann man nur mit weißen Schuldgefühlen erklären", schrieb die scharfzüngige konservative Kommentatorin Ann Coulter in durchaus gehässiger Absicht, „seine Rede war eigentlich nur eine Auflistung pubertärer Grußkartensprüche."

Doch die Kritik – teils gut legitimiert, teils aus Neid genährt, teils falsch und ungerecht – ging am Kern dieses rhetorischen Erfolges vorbei. Und dieser Erfolg lautete: Barack Obama hatte sich in nur 17 Minuten aus der hintersten Reihe amerikanischer Politik in die erste Reihe vorgearbeitet. Er hatte sich als jedenfalls potentieller Parteiführer und Präsidentschaftskandidat empfohlen, noch bevor er seinen Senatswahlkampf gewonnen hatte. Und er hatte der Partei einen enormen Motivationsschub gegeben, auch wenn er am Ende nicht ausreichte, um John Kerry, einen politisch und persönlich eher ungeschickten und schwachen Kandidaten, ins Weiße Haus zu bringen. „Die Rede wird historisch Bestand haben, wenn Obama Präsident wird", sagt der Schriftsteller und Pulitzerpreisträger Gary Wills, „ich bin mir sicher, dass es eine der besten Parteitagsreden aller Zeiten war, und das ist keine kleine Sache."

Als Obama tags drauf im FleetCenter von Boston auf einer Rolltreppe stand, von Fans und Reportern jetzt auf jedem Schritt verfolgt, rief ihm eine Frau auf der gegenläufigen Rolltreppe zu: „Ich kann es gar nicht abwarten, bis Sie Präsident sind!" Obama war perplex und wusste darauf so schnell nichts zu sagen. Bevor er antworten konnte, war seine Rolltreppe schon weitergefahren, nach oben.

Vier Jahre zuvor, beim Parteitag in Los Angeles, war Obama noch vorzeitig abgereist, da sich ohnehin niemand für ihn interessierte und er keinerlei Funktion hatte. Die wenigen, die ihn kannten, kannten ihn nur als Wahlverlierer aus Chicago. Außerdem war er dermaßen pleite, dass er sich den langen Aufenthalt in Los Angeles kaum leisten konnte.

Zu den unumstrittenen Folgen, die Obamas Rede hatte, gehört sein in der Folge ungefährdeter Wahlsieg im Rennen um Peter Fitzgeralds Senatssitz. Die Republikaner hatten Mühe, nach dem Ausscheiden von Jack Ryan und Obamas Erfolg in Boston überhaupt noch einen Ersatzkandidaten zu finden, der bereit war, in das jetzt ziemlich aussichtslose Rennen zu gehen. Alan Keyes, ein abgehalfterter Politiker aus Maryland, der als „echter Schwarzer" auftrat, wurde noch in letzter Not und Verzweiflung aufgeboten. Er führte einen nicht nur ausweglosen, sondern auch kuriosen Wahlkampf, der seinen Höhepunkt in einer Fernsehdebatte fand, in der er allen Ernstes sagte: „Jesus würde auch nicht Obama wählen." Ob das stimmt oder nicht, wissen wir nicht. Aber sicher ist: Obama war jetzt unschlagbar. Nach der Rückkehr aus Boston zog er überall in Illinois Menschenmassen an. „Es war das erste Mal, dass wir nicht 100 oder 200, sondern 500 oder 700 Leute bei den Veranstaltungen hatten", sagt Gibbs. In DeKalb, dem republikanischen Kernland in Illinois, kamen überraschend über 1000 Neugierige zu Obamas Auftritt. „Plötzlich berichteten die Demokraten von riesigen Wahlkampfveranstaltungen, und es waren völlig neue Leute dabei, nicht nur die üblichen Verdächtigen. Viele Demokraten sagten: Da kommen jetzt Leute, die haben wir noch nie bei uns gesehen", erzählt Charlie Cook. Mit 70 Prozent der Stimmen gewann Obama im November 2004 seinen Sitz im Senat. Tatsächlich hatte er längst mehr gewonnen: „Ohne die Rede in Boston hätte Obama diese Wahl vielleicht auch für sich entschieden, aber er wäre beim politischen Gewicht ungefähr Nummer 99 von 100 im Senat gewesen", sagt David Bernstein, der Obama über Jahre beobachtet hat, „und ohne diese Rede wäre der Gedanke einer Präsidentschaftskandidatur 2008 lächerlich gewesen." Jetzt war Obama Senator, nicht Nummer 99, sondern einer der wichtigsten, einflussreichsten und prominentesten; über die Gerüchte einer möglichen Präsidentschaftskandidatur 2008, die ihn praktisch vom ersten Tag an in Washington begleiteten, lachte niemand mehr.

Doch trotz der nun hohen Erwartungen schien eine Kandidatur weiterhin ausgeschlossen. Dass er ständig danach gefragt wurde – und in keinem Interview in den Wochen und Monaten nach der Wahl im November 2004 fehlte die Frage –, war schmeichelhaft und in gewisser Weise wünschenswert, denn wie Obama selbst einmal scherzte: „Ich werde nie mehr in meinem Leben so beliebt sein wie als potentieller Präsidentschaftskandidat."

Diese komfortable Rolle, die ihm mehr mediale Aufmerksamkeit sicherte, seiner Stimme mehr Gewicht verlieh und ihm Zugang zu den einflussreichsten Kreisen gab, wollte er sich möglichst lange erhalten. Kandidieren wollte er nicht. Jedenfalls nicht 2008. Denn anders als die maßlose Begeisterung für ihn, die „Obamania", wie es jetzt manchmal hieß, glauben machte, stand sein Weg immer noch voller Hindernisse. Die äußerst geringe Erfahrung in *national politics* war eines der größten absehbaren Probleme; ganz oben auf der Liste stand außerdem die Erwartung, dass mit Hillary Clinton und John Edwards (nach damaliger Erwartung vielleicht auch Al Gore und John Kerry) derart starke Kandidaten ins Rennen der *Primaries* gehen würden, dass eine Obama-Kandidatur zum Scheitern verurteilt gewesen wäre. Hinzu kam ein weiterer Aspekt, der im Trubel des Boston-Parteitages untergegangen war: Obama war von Anfang an gegen den Irak-Krieg gewesen. Anders als John Kerry, Hillary Clinton und John Edwards, die alle im Senat für den Krieg gestimmt hatten, führte Obama die Friedensbewegung in Chicago schon seit den Tagen als *State Senator* an. Was das langfristig bedeuten würde, war nicht recht absehbar, weil die Entwicklung im Irak im Jahr 2004 zu unübersichtlich war. Aber sicher war, dass Obama damit – genauso wie der 2004 in den *Primaries* gegen John Kerry gescheiterte Howard Dean – im krassen Gegensatz zum Establishment der Partei stand. Allmählich wurden zwar auch dort die Töne kritischer. Aber noch über die Präsidentschaftswahl 2004 hinaus galt unter führenden Demokraten die Devise, man könne als Anti-Kriegspartei keine Wahlen in den USA gewinnen; bei aller Kritik an der Regierung müsse man sich als patriotisch und wehrhaft präsentieren, andernfalls werde man von den politischen Gegnern als Sicherheitsrisiko im Anti-Terror-Krieg vorgeführt. Solange er nur Senator war, spielten solche Überlegungen für Obama eine nachrangige Rolle. Als Präsidentschaftskandidat würde ihn seine frühe und radikale Gegnerschaft zum Irak-Krieg einholen, vor allem dann, wenn der Krieg bis dahin womöglich endgültig gewonnen war und sich doch noch als historisch richtig herausstellen sollte.

Doch die Dinge entwickelten sich, von den erwarteten Kandidaturen von Hillary Clinton und John Edwards einmal abgesehen, anders als gedacht. Zum Unvorhergesehenen gehörte im Jahr 2005 der Wirbelsturm Katrina, der für die Regierung Bush zum größten Public-Relations-Desaster nach fünf Jahren im Weißen Haus wurde. Zum Teil durch schlimme Managementfehler, zum Teil durch einseitige Kritik, die die Verantwortlichen in New Orleans und im Staat Louisiana ausnahm, stand die Bundesregierung am nationalen Pranger. Barack Obama führte die Anklage. Als einziger schwarzer Senator war er besonders geeignet, die Misere gerade der afroamerikanischen Bevölkerung in New Orleans als Beleg für die Ignoranz und Diskriminierung durch die Regierung Bush darzustellen. Seit dem Parteitag anderthalb Jahre zuvor hatte man Obama nicht mehr so oft auf dem Fernsehbildschirm gesehen. Die Demokratische Partei war gerade dabei, sich nach der schlimmen Niederlage von John Kerry neu aufzustellen und auf den Kongresswahlkampf 2006 vorzubereiten; Obama erschien noch einmal als Führungsfigur, auf die das Publikum unglaublich positiv reagierte. Was sich im Laufe des Jahres 2005 ebenfalls grundlegend änderte, war die Lage im Kriegsgebiet. Die Hoffnung, dass der Irak sich mit der Etablierung der zentralen politischen Organe und Institutionen – Verfassung, Wahlen, Parlament, Regierung – fast automatisch stabilisieren würde, erfüllte sich nicht, im Gegenteil. Die amerikanischen Verlustzahlen stiegen jetzt wieder, die Zahl der täglichen Gewalttaten im Irak nahm zu. Zum ersten Mal wurde klar, dass dieser Krieg nicht ein oder zwei Jahre dauern würde, sondern mit wechselndem Gesicht über viele Jahre amerikanische Opfer verlangen würde – es sei denn, man würde die Mission abbrechen und die Truppen heimholen. Auch diese Debatte begann mit Nachdruck erst im Jahr 2005. Plötzlich standen die frühen Kriegsgegner besser da, und die Parteibasis setzte diejenigen in der Demokratischen Parteiführung, die Bush und diesen Krieg bei gemäßigter Kritik doch weiterhin unterstützten, massiv unter Druck. Ein Wahlkampf als Anti-Kriegspartei, versuchsweise erst einmal im Kongresswahlkampf 2006, schien nicht mehr so abwegig wie noch ein oder zwei Jahre zuvor. Und schließlich: Barack Obama brachte 2006 ein neues Buch heraus, im Grunde der durchsichtige Versuch, das Motiv seiner so sagenhaft erfolgreichen Parteitagsrede – „Das Wagnis der Hoffnung" – aufzunehmen, in eine politische Programmatik zu übersetzen und – man muss nicht drumherumreden – einen einträglichen Bestseller daraus zu machen. Sämtliche Ziele wurden erreicht, und die Erwartungen übertroffen. Zwei Millionen Dollar Vorschuss machten den bis dahin noch keinesfalls wohlhabenden Politiker über Nacht reich, und das Buch stand wochenlang auf Platz 1 der Bestsellerlisten. Wichtiger noch: Das Buch hatte den teils erhofften, teils unerwarteten Vorzug, dass man die Anziehungskraft des „Phänomens Obama" noch einmal gründlich studieren und austesten konnte, in Lesereisen, öffentlichen Auftritten, Reden, Autogrammstunden, Interviews und Talkshows. War die „Obamania" eine Eintagsfliege gewesen? Oder hatte dieser Kandidat tatsächlich das rhetorische, politische und mediale Potential eines John F. Kennedy? Die Antwort war eindeutig: Obama wurde bei jedem Auftritt gefeiert wie ein Rockstar, und die Menschenmengen wurden mit jedem Tournee-Stopp noch größer. Die Begeisterung und Bewunderung, die ihm entgegengebracht wurden, gingen weit über das normale Maß der Washingtoner Politprominenz hinaus. Und sie ließ Obama selbst nicht kalt: „Als ich die Resonanz überall in den USA gesehen habe, musste ich zur Seite treten und mich fragen: Steckt in meiner Botschaft etwas, was ausreichend neu und einzigartig ist, so dass ich dieses Land nach vorn bringen kann? Und die Antwort auf diese Frage war am Ende: Ja." Obama änderte die für ihn selbst und seine Mitarbeiter geltende Sprachregelung, nach der er kein Interesse habe, 2008 fürs Weiße Haus zu kandidieren, sondern erst einmal seine sechsjährige Amtszeit als Senator absolvieren wolle. Ab Oktober 2006, wenige Wochen vor der Kongresswahl, als er schon überall auf den Wahlkampfbühnen umjubelt wurde, sagte er: Ja, es stimme, er denke über eine Kandidatur nach. Auch das war ein Versuchsballon, den man notfalls schnell wieder hätte einholen können. Doch das war nicht nötig. Die Reaktionen einfacher Wähler und einflussreicher Parteifunktionäre auf der Linken, vor allem auch die Reaktion potentieller Finanziers eines solchen Wahlkampfes war so überwältigend positiv, dass allmählich schon vor der endgültigen Entscheidung eine Dynamik freigesetzt wurde, die niemand mehr vollständig kontrollieren konnte, auch Barack Obama selbst nicht. Die Medien spekulierten nicht länger über seine Kandidatur, sie behandelten ihn so, als wäre er schon Kandidat. Dabei dürfte es ein historischer Einzelfall, mindestens aber eine seltene Ausnahme gewesen sein, dass ein möglicher Präsidentschaftskandidat von Leitartiklern und Kolumnisten jeder Couleur dermaßen einhellig bejubelt wurde. Selbst die Kommentatoren, die niemals einen Demokraten wählen würden, sahen in seiner Kandidatur eine Chance für das Land, weil Obama den auch in den USA völlig eingefahrenen Rechts-Links-Debatten eine neue Wendung geben könnte. Hinzu kam eine Art Besessenheit der Medien mit Obama als Mann, Ehemann und Vater, als modischer Trendsetter und angebliches neues Schönheitsideal. Die Begeisterung für Obama hatte allein auf das Eingeständnis hin, dass er ernsthaft über eine Präsidentschaftskandidatur nachdenke, jedes Maß verloren. Obama erschien auf den Titelseiten von *Newsweek*, *Time*,

Men's Vogue, *GQ* und *Ebony*; Oprah Winfrey, die einflussreichste amerikanische Talk-Queen, erklärte ihn zu ihrem Wunschkandidaten; eine Gruppe in Iowa startete eine Unterschriftensammlung unter dem Titel „Zieht Obama zum Wahlkampf 2008 ein". Ganz so zufällig und unschuldig, spontan und impulsiv war das alles freilich auch wieder nicht. David Axelrod und andere Strippenzieher im Hintergrund inszenierten die Sache mit Geschick, Sorgfalt und Phantasie, und sie passten vor allem auf, dass ihr Mann nicht einen dummen Fehler machen würde, der ihm rasch das Genick brechen könnte. „The Plan" hatte Axelrod seine geheime Strategie genannt, die seit Obamas erstem Tag als Senator in Washington konsequent umgesetzt werden musste. Ziel war nicht unbedingt, ihn zum Präsidentschaftskandidaten 2008 zu machen. Ziel war, Fehler zu vermeiden und sich bereitzuhalten, sollte Obama plötzlich noch mehr Rückenwind bekommen, worauf man sich nicht verlassen konnte, womit man aber rechnen musste. „The Plan" sah vor, dass Obama seine linken Positionen abschliff und neue Themen in der Mitte besetzte, mehr über Außenpolitik sprach und Gesundheits- und Sozialpolitik zum Schwerpunkt machte. Jede Aggressivität sollte vermieden werden; auch in der Kritik an der Regierung sollte er sich eher zurückhalten. In allen Senatsabstimmungen empfahl Axelrod strenge Fraktionsdisziplin (was in den USA viel weniger selbstverständlich ist als in Deutschland), aber konsequente Gegnerschaft zum Irak-Krieg, um nicht genau die Wählerbasis zu verprellen, auf deren Unterstützung er sich bislang am meisten verlassen konnte. „The Plan" sah außerdem vor, drei Gruppen besonders zu hofieren: mögliche Geldgeber künftiger Wahlkämpfe, die Wählerschaft daheim in Illinois und die Bundesstaaten Iowa und New Hampshire, wo man in den frühen *Primaries* nur eine Chance hat, wenn man die Wählerumschwärmung schon Jahre zuvor begonnen hat. Obama hielt sich nur widerwillig an die Vorgaben seiner Berater, weil er die Terminarbeit fast nicht bewältigen konnte. Bei zwei öffentlichen Auftritten schlief er vor Müdigkeit ein. Doch Axelrods Taktik zahlte sich aus. Obama war auf alles vorbereitet, auch auf einen Frühstart für den Wahlkampf 2008. Newton Minow, der einflussreiche linke Autor, sah Obama bei einem der frühen Auftritte in Iowa und war restlos begeistert: „Ich habe John F. Kennedy gesehen, und ich habe Sie gesehen, und dazwischen war nicht allzu viel", sagte er Obama am Telefon nach dessen Rede in Iowa, „Sie müssen es jetzt versuchen." Jedes positive Zeichen, jede Ermutigung, die man sich wünschen konnte, kam pünktlich ins Spiel: „Die Kombination aus dem Erfolg des Buches, den Reaktionen, die er im Kongresswahlkampf bekam, und dem Wahlergebnis, das alles schien wie eine Bestätigung für ihn und seine Botschaft", sagt Robert Gibbs rückblickend, „es führte dazu, dass wir es einfach nicht länger vermeiden konnten, ernsthaft über die Präsidentschaftskandidatur nachzudenken." Tatsächlich lieferte der Wahltag im November 2006 den letzten Rest an Druck oder Kraft, der noch gefehlt haben mag, um die gewagte Entscheidung einer so frühen Kandidatur unausweichlich zu machen. Der überwältigende Wahlsieg der Demokraten, als die Opposition im sechsten Jahr der Amtszeit von George W. Bush die Mehrheiten in beiden Kammern des Kongresses eroberte und im Repräsentantenhaus den ersten Machtwechsel nach zwölf Jahren schaffte, war auch ein Sieg für Obama. Die Partei, so hatte sich gezeigt, war jetzt doch als Anti-Kriegspartei erfolgreich, und Barack Obama, der selbst noch nicht zur Wiederwahl stand, war für viele Parteifreunde der wirkungsvollste Gastredner und Wahlkampfhelfer. Schon am Tag nach der Wahl begannen im Büro von David Axelrod in Chicago die geheimen Beratungen über die weiteren Schritte. Das Wichtigste war jetzt, Barack Obamas Frau Michelle, die den rasanten und turbulenten Aufstieg ihres Mannes in den letzten Jahren mit Verwunderung, Skepsis und Sorge verfolgt hatte, für das Rennen ums Weiße

Haus zu gewinnen. Ihre Begeisterung war gering, aber sie gab dem Drängen ihres Mannes und seiner Berater schließlich nach. Kurz vor Weihnachten machte in den politischen Zirkeln Washingtons eine noch vertrauliche, aber jetzt gut verbürgte Nachricht die Runde, die im Establishment der Demokratischen Partei trotz aller vorangegangenen Gerüchte für ungläubiges Staunen sorgte: Barack Obama tritt an, gegen Hillary Clinton und gegen John Edwards. Das Rennen ums Weiße Haus hatte so früh begonnen wie noch nie, praktisch zwei volle Jahre vor der nächsten Wahl, also zur Mitte der Wahlperiode.

Über die Feiertage 2006 suchten Obama und Axelrod ein neues Team zusammen, sie organisierten die ersten Schritte und bereiteten Freunde und Geldgeber darauf vor, dass die Nachricht schon bald offiziell sein würde. Obama flog mit seiner Familie nach Hawaii, um noch einmal Kraft zu tanken – die Paparazzi verfolgten ihn wie einen Filmstar bis an den Strand und verkauften Fotos des Senators in Badehose. Die Bilder zeigen die letzten unbeschwerten Tage kurz vor Beginn des aufreibenden Politmarathons. Schon wenige Tage später, im Januar, gab Barack Obama seine Kandidatur für das Weiße Haus offiziell bekannt, zunächst nicht durch eine politische Rede oder Pressekonferenz, sondern durch eine E-Mail- und Internetbotschaft an seine Anhänger. Das war mehr als ein technisches Detail, es war ein Hinweis darauf, dass in diesem Wahlkampf andere Gesetze gelten würden. Zum ersten Mal ist das Internet ein ernst zu nehmender Faktor im Wahlkampf, und Leute wie Obama nutzen es offensiv, schon weil sie auf diese Weise an neue, jüngere Wähler herankommen und sich mit wenig Aufwand ein gigantisches Netzwerk von Wahlkampfspendern erschließen können. Außerdem hatte die Ankündigung im Internet noch einen durchaus gewollten Nebeneffekt: Schon darauf mussten alle Medien mit umfangreicher Berichterstattung über die Obama-Kandidatur reagieren, aber die Chance, mit einer inszenierten Veranstaltung und einer ersten großen Rede den Wahlkampf zu beginnen, blieb davon unberührt. Im Februar holte Obama das große Politkino nach und hielt an einem eiskalten Tag in Springfield seine erste Rede als selbst ernannter Kandidat. Er hatte den Ort nicht gewählt, weil er als *State Senator* hier entscheidende Jahre verbracht hatte, sondern weil Abraham Lincoln 1858 hier seine vielleicht bedeutendste Rede, die von Amerika als „geteiltem Haus", gehalten hat. Es war, wie so oft bei Obama, eine Geste zwischen Anmaßung, Selbstüberschätzung, Sendungsbewusstsein und Führungsanspruch. Würde sich ein 45 Jahre alter Kanzlerkandidat in Deutschland mit Bismarck vergleichen, wäre das nicht dermaßen verwegen wie Obamas früher Rückgriff auf Lincoln, den – nach George Washington – zweiten historischen Übervater der Nation. Doch an das große Wort und die große Geste hatte sich das politische Publikum jetzt schon gewöhnt, man erwartete es von ihm geradezu. Die Redenschreiber hatten auch wieder das Beste zusammengestellt, was die Bibliothek amerikanischer Politrhetorik hergab, und Obama war im Grunde auch sehr gut in Form. Nur war es so kalt, dass er Mühe hatte, flüssig zu artikulieren. Die Kälte war schneidend, sein Atem wirbelte in dicken Nebelschwaden aus seinem Mund, die tief stehende Sonne warf lange Schatten über die große, freigeräumte Bühne, die er später Hand in Hand mit seiner Frau und den beiden kleinen Töchtern verließ. Alle wichtigen Fernsehsender übertrugen die Rede live. Die Nation, schien es, hatte auf diesen Augenblick nur gewartet. Zehn Jahre war es nun her, dass Barack Obama beschlossen hatte, Politiker zu werden. Acht der letzten zehn Jahre hatte er als weitgehend unbekannter Provinzpolitiker in Illinois verbracht. Senator in Washington war er erst seit zwei Jahren. Und wenn die Rechnung aufgehen sollte, wird er den Kongress noch vor dem Ende der sechsjährigen Amtszeit verlassen, um im Januar 2009 ins Weiße Haus einzuziehen.

4   Die Kampagne der Hoffnung

Wenn Politiker bewundert und verehrt werden, wenn Medien und Öffentlichkeit auf sie reagieren, als wären sie Retter und Erlöser, dann kann das nicht lange gut gehen. Die moderne Medienwelt kennt zwar den politischen *Honeymoon*, in dem Politikern plötzlich und ohne jeden rationalen Grund alles verziehen wird, was man ihnen unter normalen Umständen vorwerfen würde, aber dieser *Honeymoon* ist naturgemäß von begrenzter Dauer. Für Barack Obama dauerte er schon ungewöhnlich lange, im Grunde von seiner Kandidatur für den Senat in den demokratischen Primaries Anfang 2004 bis zu den Kongresswahlen im Herbst 2006. Drei Jahre lang war Barack Obama Medienliebling und nationaler Hoffnungsträger, und er selbst ahnte offenbar, dass diese Beliebtheit keinen Bestand haben könnte: „Ich werde nie wieder so beliebt sein wie jetzt als ‚potentieller Präsidentschaftskandidat'. Am liebsten würde ich das immer bleiben", scherzte er im Sommer 2006. Er hatte recht. Innerhalb weniger Wochen nach Bekanntgabe seiner Kandidatur war die undifferenzierte mediale Begeisterung für ihn vollständig vorüber. Das heißt nicht, dass die Stimmung umschlug und sich nun gegen ihn richtete. Aber als Präsidentschaftskandidat, selbst in diesem frühen Stadium, ein Jahr vor den ersten parteiinternen Vorwahlen, wurden die Bedingungen für seine politischen Ambitionen und sein persönliches Auftreten schlagartig verschärft. Ab jetzt wurde jedes Wort auf die Goldwaage gelegt. Leichtfertige Äußerungen konnten binnen weniger Tage seine Umfragewerte sinken lassen oder zu veritablen diplomatischen Verwicklungen der USA führen – wie im Fall einer unbedachten Äußerung Obamas, man solle Osama bin Laden notfalls auch in Pakistan aufspüren und mit Luftangriffen jagen; das State Department sah sich tagsdrauf gezwungen richtigzustellen, dass Pakistan ein Freund und Verbündeter der USA ist und keinesfalls mit Luftangriffen rechnen müsse.

Stärken und Schwächen nicht nur seiner Persönlichkeit und Politik, sondern auch seines Wahlkampfteams, seiner Strategie und seiner Spendenbasis wurden unaufhörlich in den Medien diskutiert. Die großen Zeitungen begannen schon Anfang 2007, mit fast täglichen Sonderseiten über den Vorwahlkampf zu berichten, wobei von den knapp zwei Dutzend selbst ernannten Kandidaten in beiden Parteien niemand so viel Aufmerksamkeit erfuhr wie die beiden demokratischen Favoriten links der Mitte: Hillary Clinton und Barack Obama. In die Kandidatur hineingestolpert war Barack Obama, weil ihn alle Welt dazu drängte, weil er kräftigen Rückenwind hatte, weil einfach alles zu passen und zu stimmen schien. Es sah so leicht aus, doch dann war es vom ersten Tag an sehr, sehr schwer. Der Wahlkampf begann für Barack Obama mit der Betonung auf der zweiten Silbe: Es musste gekämpft werden, und das an vielen Fronten gleichzeitig. Plötzlich gab es politische Gegner, vor allem Hillary Clinton und ihre Mannschaft, die aggressiv seine Schwächen offenlegten und jeden Fehler gnadenlos bestraften. Plötzlich gab es öffentliche Debatten, ob genau das, was doch eigentlich das Beste an ihm hatte sein sollen, seine Jugendlichkeit und Frische, sein Optimismus und Elan, ob das nicht in Wirklichkeit Ausdruck eines gefährlichen Erfahrungsdefizits war, das ihn für das Präsidentenamt schlechterdings disqualifizierte. Plötzlich gab es Kommentatoren, die Obama zu links fanden, und andere, die ihn konservativ nannten, solche, die seine Außenpolitik für pazifistisch und naiv hielten, und solche, die ihm unterstellten, neue Kriege anzetteln zu wollen. Seine Frau als potentielle First Lady wurde einer ersten öffentlichen Begutachtung unterzogen, und das Ergebnis fiel gemischt aus: Mal fand man sie großartig, mal hieß es, sie sei selbst zu ehrgeizig oder sie unterstütze ihren

Mann nicht richtig. Sogar seine vielgepriesene Rhetorik wurde neuerlich beurteilt, und jetzt meinten manche, eigentlich sei er ein schwacher Redner. In der entfesselten Mediengesellschaft gibt es keine Urteile von Bestand.

Barack Obamas Glaube und sein später Eintritt in eine Kirche wurden genauso zum Politikum wie die Frage, ob er eigentlich immer noch raucht und vielleicht einfach zu charakterschwach ist, endlich ganz damit aufzuhören. In der fortdauernden, alltäglichen medialen Abwehrschlacht des amerikanischen Wahlkampfs reagierte das Team Obama auch auf diesen Vorwurf prompt: Aber nein, der Kandidat rauche gar nicht mehr, und er habe seiner Frau versprechen müssen, nie wieder anzufangen. Damit war eines von vielen Themen abgeräumt, jedenfalls bis zur nächsten Zigarette; aber so hatte sich Barack Obama den Wahlkampf nicht vorgestellt.

Die erste turbulente Phase des Wahlkampfes mit Pannen und Peinlichkeiten, mit ungewohnter Kritik und unverdienter Gehässigkeit, hinterließ bei Obama selbst, aber auch bei denen, die seinen Wahlkampf organisierten, unübersehbare Spuren. Dem Kandidaten wurde klar, dass ein solcher Wahlkampf ein Transformationsprozess ist, aus dem niemand so herauskommt, wie er hineingegangen ist, und dass man deshalb höllisch aufpassen muss, sich unter Erwartungsdruck und eigenem Ehrgeiz nicht bis zur Unkenntlichkeit deformieren zu lassen: „Ich bin dabei, um zu gewinnen, ich will gewinnen, und ich glaube, ich werde auch gewinnen", sagte er seinem wichtigsten Berater David Axelrod, „aber ich will auch heil aus dieser Sache herauskommen, ich will immer noch Barack Obama sein und nicht eine Art von Karikatur ... Für mich ganz persönlich liegt die Herausforderung meines Wahlkampfes darin, meine Stimme und meinen moralischen Kompass zu verteidigen, auch in diesem manchmal lächerlichen Prozess." Das Thema, wie er sich selbst treu bleiben kann, wie man unter solchem Druck die richtige Balance zwischen Kompromissen und Anpassung auf der einen Seite, Prinzipientreue und Charakterfestigkeit auf der anderen Seite findet, beschäftigt Obama nach Auskunft seiner besten Freunde ständig, und es wird ihn in diesem Wahlkampf – und darüber hinaus – nicht mehr loslassen.

David Axelrod, den kühl kalkulierenden, nicht moralisch, sondern politisch motivierten Strategen, beschäftigt dagegen eine andere Frage: Ist sein Kandidat eigentlich hart genug? Hat er die Kraft, dem ganzen Druck standzuhalten? „Ich weiß es nicht", sagt Axelrod in einem Augenblick, in dem er die vorformulierten Sprechblasen einmal vergisst und selbst ungewohnt nachdenklich scheint, „eine Besonderheit, wenn man Präsident werden will, ist, dass man 24 Stunden pro Tag wie mit einer Röntgenmaschine durchleuchtet wird. Am Ende wissen die Amerikaner sehr genau, wer du bist." Die Zweifel, ob Obama dem gewachsen ist, sind unüberhörbar, auch wenn Axelrod rasch nachschiebt, dass er seinen Mann natürlich nicht für einen Weichling hält, der zusammenklappen könnte: „Ich glaube schon, dass er eine innere Härte hat, das sieht man ja auch an dem Weg, den er bis hierhin zurückgelegt hat, denn seine Startposition war nicht optimal. Er hat sich durch viele Schwierigkeiten durchgekämpft, um aus sich zu machen, was er heute ist. Es gibt manchmal das Image von ihm als Harvard-gebildetem, hochnäsigem Intellektuellen, aber er ist einer, der von einer alleinerziehenden Mutter großgezogen wurde, die nicht immer da war, um zu helfen, weil sie selbst keine Zeit hatte. Er hat sich durch vieles durchgekämpft." Obama, der rabiate Aufsteiger von ganz unten? Oder doch der sensible, nachdenkliche Mann, um den sich alle Sorgen machen, noch bevor die volle Härte des Wahlkampfes ihn getroffen hat? Wie vieles, was über ihn gesagt und geschrieben wird, bleibt das Urteil auch hier ambivalent, vermutlich sogar zu Recht. Sicher ist, dass Obama die Kandidatur als eine logische Konsequenz und Fortsetzung der vorangegangenen Jahre erschien, als „der nächste Schritt" und „das nächste Gefecht", wie er gelegentlich sagt; aber bald nach der Kandidatur musste er sehen, dass nun alles anders war. In den geheimen Strategiesitzungen, in denen der Wahlkampf in groben Zügen vorgezeichnet wurde, soll Barack Obama trotz seiner nicht unerheblichen Wahlkampferfahrung überrascht gewesen sein über all das, was nun auf ihn zukam.

Manches davon war freilich absehbar: Als Präsidentschaftskandidat wird man mit Fragen zu allem konfrontiert, was irgendwie zum aktuellen Geschehen in den USA und – zu einem geringeren Grade – in der Welt gehört, man muss darüber hinaus ein Programm haben, das möglichst auf alle Fragen mindestens vorläufige Antworten gibt, und man muss beiläufig immer wieder bereit sein, sich auch als Person, als Mensch, Mann, als Ehemann, Vater usw. in Frage stellen, jedenfalls aber sich öffentlich begutachten zu lassen. Eine feierliche Parteitagsrede lässt aus guten Gründen vieles aus und vieles offen; eine Präsidentschaftskandidatur ist mit dem ständigen Druck verbunden, keiner Frage auszuweichen und fließbandartig Antworten zu produzieren, von der Agrarpolitik bis zum Gesundheitswesen, von der Rückrufaktion für chinesisches Spielzeug bis zur neuesten Gefallenenstatistik aus dem Irak, von der eigenen Kindheit bis zum ersten Joint. Mit all dem musste Barack Obama rechnen.

Nicht ganz so absehbar war dagegen, welche Bedeutung seine Hautfarbe in diesem Wahlkampf haben würde. Zwar wäre es naiv – und auch nicht ganz im Sinne Obamas –, glauben zu wollen, dass die Hautfarbe in einem solchen Wahlkampf einfach gleichgültig ist. Aber dass sie in dieser Intensität thematisiert würde, sich auf so unterschiedliche Weise gegen ihn instrumentalisieren und in ganz unterschiedlichen Bevölkerungsgruppen gegen ihn verwenden lassen würde, das war vielleicht doch nicht vorauszusehen. Problematisch war und ist das auch gerade deshalb, weil Obamas Wahlkampf, ja seine ganze politische Zukunft – auch über das Wahljahr 2008 hinaus – auf der simplen Arbeitshypothese aufbaut, dass er wie kein anderer zuvor das schwarze und das weiße Amerika miteinander versöhnen und deshalb auch für sich gewinnen kann. Mit dieser Annahme steht und fällt viel mehr als diese Präsidentschaftskandidatur; mit ihr steht und fällt das gesamte politische und kulturelle Phänomen Barack Obama.

Ist Amerika reif für einen schwarzen Präsidenten? Ob die Frage so überhaupt richtig und klug gestellt ist, was das überhaupt heißen soll – schon darüber kann man streiten. Dennoch, es war die Frage, die die Meinungsforscher im Dezember 2006 stellten. 62 Prozent antworteten: Ja, Amerika sei sicher grundsätzlich bereit, einen Schwarzen zum Präsidenten zu wählen. Die Zahl klingt nicht schlecht, aber gut ist sie auch nicht. Mehr als ein Drittel der Wähler hat da offenbar Bedenken. Hinzu kommt, dass sich nachweislich bei solchen Fragen Wunschdenken und der Druck, sich politisch korrekt zu äußern, zu einer erheblichen statistischen Verzerrung verbinden. Wer gibt schon gern zu, und sei es auch nur beim Telefonanruf eines Meinungsforschungsinstitutes, dass er Vorbehalte gegen Schwarze hat? Gefragt, ob sie sich selbst vorstellen könnten, für einen Schwarzen zu stimmen, sagten entsprechend sogar über 85 Prozent: Ja. Aber wenn man sich vergewissern will, wieviel Rassismus es heute noch in der amerikanischen Gesellschaft gibt, kann man auch auf ganz andere Umfragen schauen: „Sind Sie damit einverstanden, dass Schwarze und Weiße heiraten dürfen?" lautet etwa eine oft gestellte Frage des renommierten Gallup-Instituts. Im September 2007 sagten 17 Prozent, dass sie solche Mischehen lieber verbieten würden. Das ist zwar der niedrigste Wert, den das Institut in den letzten 50 Jahren bei dieser Frage gemessen hat, und insofern ein ermutigendes Zeichen, zumal es noch in den achtziger Jahren über 50 Prozent waren und in den neunziger Jahren noch über 30 Prozent. Aber 17 Prozent – das heißt immerhin, dass jeder sechste erwachsene Amerikaner es grundsätzlich für falsch hält, wenn Schwarze und Weiße heiraten. Kann man sich ernsthaft vorstellen, dass in einem solchen Land ein Schwarzer zum Präsidenten gewählt wird? Muss man nicht mindestens diese 17 Prozent pauschal gegen ihn verbuchen, was ein fast unüberwindbares politisches Handicap wäre?

Die Frage ist kompliziert genug, und sie ist hochtheoretisch, weil sie ja nicht von einem bestimmten Menschen und Kandidaten, sondern von einem pauschalen Etikett ausgeht. Aber sie wird noch unbeantwortbarer, wenn man einmal in die andere Richtung schaut und auf die Schwarzen selbst blickt: Kann Barack Obama hier nicht mit so viel Sympathie und Zustimmung rechnen, dass er mögliche strukturelle Probleme in der weißen Wählerschaft kompensiert und überkompensiert? Aber so einfach ist es auch wieder nicht, im Gegenteil. Die fundamentalen Vorbehalte gegen Barack Obama sind womöglich unter Schwarzen größer als unter Weißen. Und die Art, wie sich Barack Obama einerseits in, andererseits gegen die *Black Community* Amerikas stellt, macht die Dinge nicht leichter: Er will sich nicht anbiedern, aber kann auch nicht auf die Schwarzen als politische Basis verzichten. „Wenn man durchrechnet, wie Barack Obama gewinnen könnte, dann ist klar, dass er den größten Teil der Stimmen der Afroamerikaner gewinnen muss", sagt Charlie Cook, „er muss das als sichere Basis haben und von dort aus seine Wählerschaft weiter ausdehnen." Cook, der seit Jahrzehnten amerikanische Wahlkämpfe beobachtet, traut sich auch, noch etwas anderes dazuzusagen, was üblicherweise nicht ausgesprochen wird: „Er sieht nicht wie ein richtiger Schwarzafrikaner aus, und er hat auch keinen Akzent. Wenn er dieselben Qualitäten hätte, aber aussehen würde wie ein Afrikaner aus dem Teil des Kontinents südlich von der Sahara, dann würden wir heute gar nicht den Namen Barack Obama kennen." Cook sieht einen Pluspunkt darin, jedenfalls einen wahltaktischen, dass Obama nicht extrem dunkelhäutig ist und auch nicht mit dem schweren Akzent spricht, der für viele schwarze Amerikaner typisch ist. Andere sehen genau darin das Handicap. Kommentatoren wie Debra Dickerson und Stanley Crouch haben geschrieben, dass Obama „nicht authentisch schwarz" sei, weil er nicht Nachfahre der Sklaven sei und deshalb gar nicht die Erfahrung der meisten amerikanischen Schwarzen teile. Er habe auch seine Hautfarbe nie „zum Beruf gemacht", wie Dickerson das nennt, was so viel heißen soll wie: Obama hat sich nie als schwarzer Prediger oder Bürgerrechtler profiliert. In ihrer beißenden Kritik geht Dickerson noch einen Schritt weiter und wirft Obama vor, früh in seinem professionellen und politischen Leben zwei Schritte unternommen zu haben, um das unübersehbare Defizit an schwarzer Authentizität und Glaubwürdigkeit zu kompensieren: Er heiratete eine Schwarze, und er trat einer prominenten schwarzen Kirchengemeinde bei, der *Trinity United Church of Christ* im Süden von Chicago. „Ich sage nicht, dass er seine Frau in Wirklichkeit nicht liebt, und ich bin überzeugt, dass er mit seinem ganzen Herzen an Gott glaubt", sagt Dickerson, aber beides zusammengenommen habe doch seine Glaubwürdigkeit als Schwarzer erst ermöglicht und ihm eine Art „schwarzen Ritterschlag" gegeben, den er andernfalls nicht gehabt hätte. Deshalb deutet Dickerson genau das, was andere an Obama als seine besondere Authentizität sehen, nämlich den geerbten, erfahrenen und gelebten Multikulturalismus, als eine durchtriebene politische Strategie: Obama mache sich durch seine Frau, die, anders als er, aus einer typischen und letztlich von Sklaven abstammenden Familie kommt, und durch seine selbst gewählte Kirche zu einem typischen Schwarzen, habe aber bei weißen Wählern gerade deshalb Erfolg, weil er sie nicht mit dem Erbe der Sklaverei und der fortdauernden Benachteiligung der Schwarzen in den heutigen USA konfrontiere. Obama, so kann man diese Kritik zusammenfassen, ist eine schwarz-weiße Mogelpackung, auf die Schwarze und Weiße gleichermaßen reinfallen.

Es ist nicht leicht, sich gegen solche Vorwürfe zur Wehr zu setzen. Wenn die politischen Gegner sagen, dass Obamas Irak-Strategie nicht durchdacht ist oder seine angestrebte Gesundheitsreform eine Katastrophe für die Patienten, dann kann man sich damit auseinandersetzen. Aber wie soll man dem Vorwurf begegnen, man habe die eigenen Frau nicht aus Liebe, sondern aus politischem Kalkül geheiratet? Was soll man dazu sagen, wenn einem der Eintritt in die Kirche als eiskalt kalkulierter politischer Schachzug ausgelegt wird? Und wie soll man reagieren, wenn man eine weiße Mutter hatte und einen schwarzen Vater, und nun gilt man den Weißen als Schwarzer und den Schwarzen als nicht schwarz genug? Michelle Obama hat es in einer Talkshow tatsächlich getan und gesagt: „Barack Obama ist ein schwarzer Mann." Doch vielleicht ist es ungeschickt, sich auf diese Debatte überhaupt einzulassen.

Barack Obama versuchte, die Zweifel und Vorwürfe dadurch zu überwinden, dass er das direkte Gespräch mit denen suchte, die solche Zweifel haben, also mit den führenden Köpfen der *Black Community*, mit den großen Verbänden und den vielen kleinen Gemeinden. Der Erfolg ist bis heute begrenzt, was sich auch an solchen Kleinigkeiten ablesen lässt wie der Tatsache, dass Hillary Clinton in allen Umfragen unter Schwarzen praktisch genauso beliebt ist wie er. Die *Black Community* gibt ihm keinesfalls einen Sympathiebonus für seine Hautfarbe, und das könnte mehr als ein strategisches Problem sein. Obama selbst sieht darin auch ein psychologisches Problem, das über die Wahlen hinausgeht und den Kern des amerikanischen Selbstverständnisses berührt:

„Wir lassen uns immer noch schnell verwirren in diesem Land, wenn es um das Thema Rasse geht. Und das gilt nicht nur für Schwarze, es gilt auch für Weiße, für *Hispanics*, für Asiaten. Allein die Tatsache, dass ich nun kandidiere, bringt einen Teil dieser Verunsicherung an die Oberfläche ... Und die Frage, wie schwarz ich bin, ist eine lächerliche, eine spaltende Debatte, auf die wir uns nicht einlassen dürfen. Meine Eltern und Großeltern waren Teil der schwarzen Diaspora. Mein Großvater hat als Koch für die britische Armee gearbeitet und sehr unter der Kolonialherrschaft gelitten. Es ist einfach kein akzeptabler Ansatz, wenn wir uns aufteilen und versuchen herauszufinden, wer von uns auf die schlimmste Art zum Opfer gemacht worden ist. Das schwächt unsere gemeinsamen Anstrengungen für die echte Chancengleichheit aller Rassen in diesem Land ... Und ich glaube, dass dieses Thema vor allem in den Medien spielt. Es hat nichts mit meinem Alltag zu tun, wenn ich auf dem Basketballplatz stehe oder zum Friseur gehe. Die normalen Menschen, die ich jeden Tag treffe und mit denen ich rede, die haben überhaupt keinen Zweifel, wer ich bin und woher ich komme. Und deshalb habe ich auch selbst überhaupt keinen Zweifel, wer ich bin und woher ich komme."

Das alles klingt wie ein Schlusswort am Ende einer lästigen und überflüssigen Debatte. Es klingt wie der Versuch, ein Störfeuer ein für allemal auszutreten. Doch das kann nicht gelingen. An Obama reiben sich Weiße und Schwarze. Das wird in diesem Wahlkampf so weitergehen, und es wird auch mit der Wahl, gleich wie sie ausgeht, nicht enden.

Obamas Konflikt mit der *Black Community* hat aber auch damit zu tun, dass er reihenweise gegen Regeln und Tabus verstoßen hat und mit einer völlig neuen Rhetorik vor die Schwarzen tritt. Als er im Sommer 2007 in einer baptistischen Kirche in Los Angeles über Probleme der *Black Community* sprach, hatte er zwar den in solchen Fällen unvermeidlichen Gospelchor mit viel „Halleluja" und „Jesus loves you" hinter sich, doch was er sagte, war deutlich anders als alles, was schwarze Politiker üblicherweise an dieser Stelle sagen. Das begann damit, dass er von Benachteiligungen sprach, aber kurioserweise meinte, „viele Schwarze benachteiligen sich selbst". Das allein ist für viele nicht nur ungewohnt, sondern ein Schlag ins Gesicht. Und entsprechend verstört klang das Raunen in diesem Moment. Dass Schwarze in allen politischen Organen unterrepräsentiert sind, so Obama, habe eben auch damit zu tun, dass zu viele Schwarze nicht wählen und sich ohnehin wenig für Politik interessieren. Dass viele schwarze Schüler schlechte Noten haben oder die Schulen ohne Abschluss verlassen, habe auch damit zu tun, dass man in der *Black Community* immer gleich als Streber verschrien sei, wenn man lernt und gute Noten hat. Obama kritisierte die Gleichgültigkeit vieler schwarzer Väter, die aggressive Vulgärsprache der schwarzen Rapper und Hiphopper, den Fernsehkonsum schwarzer Familien und die Verwahrlosung ganzer Stadtteile: „Wenn ich in Chicago manchmal mit den Leuten von der schwarzen Kaufmannsvereinigung spreche, dann sage ich denen schon mal: ‚Wisst ihr, was eine gute Maßnahme fürs Geschäft wäre? Wenn wir sicherstellen würden, dass die Leute nicht ständig ihren Müll aus dem Auto werfen würden.'"

Wenn Obama den Schwarzen derart die Leviten liest, kann man das unterschiedlich interpretieren. Es spricht einerseits für seine Aufrichtigkeit und andererseits dafür, dass er in der *Black Community* eben doch so weit akzeptiert ist, dass er dergleichen sagen darf. Nicht zufällig war der Entertainer Bill Cosby der erste Hollywoodstar, der die „Brothers" öffentlich kritisierte, etwa in dem Sinne, wie es jetzt auch Obama tut. Hätte ein weißer Schauspieler dieselben Dinge gesagt, hätte es einen Aufschrei der Empörung gegeben. Und auch ein weißer Politiker hätte nicht sagen dürfen, was Obama in Los Angeles und später noch einmal bei einer Rede vor Schwarzen in South Carolina gesagt hat. „Es gibt in ganz Amerika keinen anderen Politiker, von dem sich die Schwarzen so etwas sagen lassen würden", meint Charles Ogletree, einer von Obamas früheren Juraprofessoren in Harvard, der ihn heute im Wahlkampf berät. Das heißt nicht, dass niemand Obama widersprochen hätte. Prominente Schwarze haben ihm vorgeworfen, die Schuld für die überproportionale Armut der Afroamerikaner einseitig den Schwarzen selbst zuzuschieben. „Die Argumente klingen gut, aber empirisch ist das nicht haltbar", sagt auch Melissa Harris-Lacewell, Professorin für *African American Studies* in Princeton. Aber um den empirischen Wert politischer Reden geht es selten. Entscheidend ist, dass Obama trotz seiner massiven Schwierigkeiten mit der *Black Community* und obwohl er so sehr auf ihre Stimmen angewiesen ist, der Versuchung widerstanden hat, die Schwarzen zu umschmeicheln. Er hat stattdessen einen anderen Weg eingeschlagen, indem er zwar für sich in Anspruch genommen hat, als Schwarzer zu sprechen, zugleich aber die Kritik und Selbstkritik in den Vordergrund gestellt hat. Eindeutig bewertbar ist nur, wie das beim weißen Teil des politischen Publikums angekommen ist: Dort hat Obama sehr an Ansehen gewonnen, weil er den Weißen die üblichen Schuldzuweisungen, die sie natürlich auch auf sich selbst beziehen, erspart hat. Die Reaktionen der Schwarzen sind dagegen viel komplexer und auch schwieriger messbar. Dass er viele vor den Kopf gestoßen hat, ist sicher. Aber er hat mit seiner Offensive der Aufrichtigkeit auch neue Freunde gewonnen.

Zu den neuen Freunden gehörte – und das mag der größte Gewinn sein – Oprah Winfrey. Die amerikanische Talkmasterin, eine der – sowohl an Geld wie auch an Einfluss – reichsten Frauen Amerikas, entschloss sich schon wenige Wochen nach dem Beginn des Wahlkampfes, Barack Obama uneingeschränkt zu unterstützen, mit Geld und, wichtiger, mit ihrem guten Namen. Das war deshalb ungewöhnlich, weil der Ausgang der Vorwahlen zu diesem Zeitpunkt noch besonders ungewiss war. Niemand in der Politik, in der Wirtschaft oder in der Entertainment-Branche riskiert leichtfertig, auf jemanden zu setzen, der vielleicht später als Verlierer dasteht. Die Niederlage fällt dann immer auch auf den Sponsor und Mentor zurück; außerdem hat der Wahlsieger sicher nicht vergessen, wer damals seine Gegner unterstützte. Öffentliche Sympathieadressen sind deshalb in amerikanischen Vorwahlkämpfen erst dann an der Tagesordnung, wenn der Sieger so gut wie feststeht. Doch Oprah Winfrey sind solche Überlegungen gleichgültig, und sie kann sich diese eitle Gleichgültigkeit auch leisten. Außerdem darf man ihr glauben, dass sie aus Überzeugung handelte, als sie sich so früh so klar für einen Kandidaten entschied. Denn sie kennt Obama länger und besser, als die meisten seiner Parteifreunde ihn kennen. Zwei Geheimwaffen, so heißt es manchmal in den politischen Zirkeln Washingtons, bringe Barack Obama mit in diesen Wahlkampf: seine Frau und Oprah Winfrey.

Dass die in den USA ikonenhaft verehrte Oprah Winfrey einen Politiker unterstützt, ist auch aus einem weiteren Grund bemerkenswert: Sie hat dergleichen nie zuvor getan. Zwar hat sie George W. Bush im Wahlkampf 2000 einmal in ihre tägliche Talkshow eingeladen (und nicht wenige glauben, dass es dieser „Oprah-Effekt" war, der ihn zum knappen Wahlsieg führte), doch war sie damals einfach nur Interviewpartnerin, sie gab Bush nicht mehr und nicht weniger, als sie auch Al Gore angeboten hatte. Sie selbst blieb, wie immer, politisch neutral. Diesmal, sagt sie, sei alles anders. Obama habe sie einfach von Anfang an überzeugt. Er sei die beste Option für alle, die sich einen fundamentalen Wandel in den USA wünschen, eine fairere, gerechtere, sozialere Gesellschaft. „Dies war der eine Augenblick in meinem Leben, in dem ich das Gefühl hatte: Jetzt muss ich mich zu Wort melden", sagt die Moderatorin. Und die Art, wie sie sich gemeldet hat, hat selbst erfahrene politische Beobachter und Meinungsforscher verunsichert. Denn prominente Unterstützung, aus dem Show-Business zumal, ist nach aller Erfahrung für den Wahlausgang unerheblich; andererseits ist Oprah Winfrey ein Sonderfall, den man eben nicht vergleichen kann mit den üblichen Hollywoodstars, die meist kurz vor der Wahl einen Präsidentschaftskandidaten unterstützen, fast immer natürlich den Demokraten. „Wenn man an den Erfolg denkt, den Oprah Winfrey mit ihren Empfehlungen von bestimmten Büchern hatte, dann kann man ihre Unterstützung für Obama nicht einfach lächelnd beiseiteschieben", sagt Donna Brazile, Al Gores frühere Wahlkampfmanagerin, „sie kann viele, viele Menschen bewegen. Ihre Anhängerschaft ist riesig und besteht aus Leuten, die jedes Wort von ihr sehr ernst nehmen." Wie ernst es Oprah Winfrey selbst meint, zeigte sich, als sie ankündigte, keine anderen Kandidaten mehr in ihrer Show auftreten zu lassen. Sie wolle gar nicht mehr so tun, als sei sie objektiv, sagte sie dazu. Sie will vielmehr aktiv Wahlkampf für Obama machen, mit allen legalen Mitteln, die ihr zur Verfügung stehen. Und das sind nicht wenige. In ihrem Haus in Kalifornien organisierte sie für Obama einen *fundraiser*, also eine Party zum Zwecke des Spendensammelns. Das brachte auf Anhieb drei Millionen Dollar in die Wahlkampfkasse. Außerdem hat sie schon zweimal Barack Obama und seine Frau in die Show eingeladen – bei durchschnittlich 8,4 Millionen Zuschauern pro Tag ist auch das ein handfester Faktor. Auf ihrer Internetseite (2,3 Millionen Besucher pro Monat) und in ihrem Monatsmagazin (Auflage: über zwei Millionen Exemplare) hat sie Obama natürlich auch viel Platz gegeben. Demoskopen finden das vor allem deshalb interessant, weil Oprahs Fans ganz überwiegend weiblich sind und außerdem mehrheitlich im Alter zwischen 25 und 55 Jahren. Es ist also genau die Zielgruppe, die überproportional wählen geht und dabei auch noch mit großer Mehrheit demokratisch wählt. Und es ist die Zielgruppe, auf die es Obamas Erzrivalin Hillary Clinton ebenfalls abgesehen hat. Die Unterstützung von Oprah Winfrey könnte so gesehen schon in den Vorwahlen entscheidend sein, zumal sie nicht ausgeschlossen hat, selbst auf Wahlkampftour zu gehen. Jeder Auftritt der in ihrem Privatleben eher öffentlichkeitsscheuen Frau würde sicher mehr Menschen anziehen als eine Parteiveranstaltung. Auch regelrechte Wahlwerbespots im Fernsehen, hat Oprah Winfrey gesagt, könne sie sich für die heiße Phase des Wahlkampfes vorstellen. „Die Leute trauen ihrem Urteil, und ich glaube manchmal, sie trauen ihr mehr als sich selbst", sagt Susan Harrow, die ein Buch über Oprahs Erfolg in den USA geschrieben hat.

„Mein Geld macht vielleicht keinen Unterschied", sagt die reichste Schwarze Amerikas, „aber ich selbst und meine Unterstützung ist wahrscheinlich mehr wert als Geld." Das stimmt sicher, auch wenn vorläufig offen bleibt, wie weit ein solcher Prominenten-Effekt im Wahlkampf reicht. Die USA haben noch nie die direkte Einmischung einer solchen Mediengröße erlebt, und Oprah Winfrey selbst hätte sich nicht vorstellen können, jemals dermaßen in die Politik einzugreifen: „So etwas zu tun, das ist keine kleine Sache für mich. Ich bin nämlich eigentlich nicht sehr politisch. Aber ich bin überzeugt davon, dass er Amerika Hoffnung geben kann. Das ist der Grund, warum ich es tue. Und ich werde es wahrscheinlich nie wieder tun." Ein paar Spaßvögel vertrieben im Internet zwischenzeitlich einen Aufkleber „Obama-Oprah", für 3,99 $, der suggerierte, Oprah Winfrey könne ja vielleicht am Ende sogar Vizepräsidentenkandidatin werden und an der Seite von Barack Obama ins Weiße Haus ziehen. Doch das ist, bei aller wechselseitigen Sympathie und Begeisterung zwischen Amerikas schwarzem Politstar und der schwarzen Fernseh-Diva, doch des Guten zu viel. Beide Seiten dementierten und machten die schöne Story kaputt. Doch das ändert nichts daran, dass Oprah Winfrey für Barack Obama Gold wert ist. Und beiläufig schärft sie eben auch sein Profil als Afro-amerikaner, der zwar Teil der *Black Community* ist, ohne aber die für viele Weiße schwer erträgliche Schärfe und den anklagenden Unterton mitzubringen.

Auf ähnliche Weise hilft ihm auch seine Frau. Michelle Obama, geborene Robinson, bringt vieles von dem mit, was Barack Obama angeblich oder tatsächlich fehlt: eine eher typische afro-amerikanische Biographie, die unmittelbare Abstammung von Sklaven in den USA, eine Herkunft aus einem urbanen amerikanischen Milieu, in diesem Fall der South Side von Chicago, und nicht zuletzt die tiefen Wurzeln in der Demokratischen Partei: Schon ihr Vater war vor einem halben Jahrhundert so etwas wie der Ortsvereinsvorsitzende der Partei in dem Viertel, in dem sie aufwuchs. Die 1,80 Meter große Frau, Basketball-spielerin, Juristin wie Barack Obama, in Princeton und Harvard ausgebildet (ihrem Mann, obwohl jünger, aber um Jahre voraus), mit Stipendien überhäuft, Musterschülerin mit einer übersprungenen Schulklasse, ist nicht zufällig zu den „25 inspirierendsten Frauen der Welt" gewählt worden. Sie ist eine kraftvolle Aufsteigerin, wenn auch nicht aus den allerärmsten Verhältnissen, dann doch aus der unteren Mittelschicht, und sie hat den Stall-geruch der *Community* dennoch behalten, sie versteht sich auf den rechten Zungenschlag im Umgang mit den *Brothers* und *Sisters* besser als ihr Mann, sie muss sich dabei nicht anstrengen oder verstellen, es kommt ihr immer noch flüssig über die Lippen. Als Mutter von zwei Töchtern, sechs und acht Jahre alt, hat die 43-Jährige auch selbst eine nicht unbedeutende Karriere gemacht, als Anwältin, später auch als Managerin der Krankenhausverwaltung, wo sie so viel Geld verdient hat, dass es ihr erstmals negative Schlagzeilen einbrachte. Doch das hat wenig daran geändert, dass sie bei der schwarzen Unter- und Mittelschicht bestens ankommt, zugleich aber auch unter weißen Frauen viele Bewunderer hat. Dass das Magazin *Vanity Fair* sie zu den „zehn elegantesten Frauen der Welt" gewählt hat, mag für sich genommen wenig zur Sache tun. Doch es zeigt, dass es selbst um die Frau von Barack Obama eine Art Starkult gibt und dass ihr hohes Ansehen im schwarzen Milieu kein Handicap für sie darstellt, wenn sie versucht, Amerikaner insgesamt anzusprechen. „Ich habe ohne Übertreibung eine Einladung für jeden einzelnen Tag des Jahres", sagt Michelle Obama, „jeder will mich sehen, jeder will mich als Rednerin haben. Oft staune ich selbst und denke: Meinen die wirklich mich?" Die Antwort darauf fällt nicht so eindeutig aus. In gewisser Weise meint man natürlich nicht sie. Sie ist, was sie auch als First Lady im Weißen Haus wäre, nämlich die Frau eines berühmten Mannes, die selbst nur deshalb berühmt ist, weil sie eben diese Rolle spielt. Aber Michelle Obama spielt sie nicht ohne Selbstvertrauen. „Sie holt mich auf den Teppich zurück, sie kritisiert viel an mir herum", sagt Barack Obama, und manchmal sagt er es sogar öffentlich, von einer Wahlkampftribüne. Denn das kommt gut an, und er weiß, wie sehr er von seiner Frau profitiert. Sie ihrerseits weiß, welche Knöpfe sie vor welchem Publikum drücken muss. Vor den Weißen spricht sie gern davon, was für ein erfahrener und entschlossener Politiker ihr Mann ist. Vor den Schwarzen – also: vor den notorischen Nicht-Wählern – redet sie gern davon, wie erst Barack Obama ihr den Glauben an die Möglichkeiten des politischen Handelns zurückgegeben hat: „Ich bin genau eine von den Skeptikerinnen, von denen Barack oft spricht, ich habe lange Zeit gedacht, dass Politik ein schmutziges Geschäft ist, das nur Leute betreiben, die ernsthaft nichts verändern wollen. Aber mit der Zeit und durch Barack habe ich meine Meinung geändert."

Etwas zugespitzt könnte man sagen, dass Barack Obamas Verhältnis zu den Schwarzen in den USA gestört ist, und zu dieser Störung gehören drei Vorurteile oder Vorbehalte gegen ihn: Er war nie arm, er stammt nicht von Sklaven ab, und er glaubt nicht an Gott. Folgt man dieser nicht ganz unproblematischen Logik, könnte man sagen: Oprah Winfrey, die Frau, die von ganz unten kam und einen beinahe an Rockefeller erinnernden Aufstieg hinter sich gebracht hat, gibt Obama ein Stück ihrer Glaubwürdigkeit ab. Und Michelle Obama als Nachfahrin von Sklaven des 19. und Bürgerrechtlern des 20. Jahrhunderts gibt Barack Obama die schwarze Familiengeschichte, die er selbst als Einwandererkind und Mischling nicht hat. Und schließlich: In dieser Logik gibt es auch jemanden, der für Barack Obama die spirituelle Lücke schließt. Er heißt Jeremiah Wright.

Der Pastor der *Trinity United Church of Christ* in Chicago ist einer der großen Namen in Amerikas *Black Community*. Er ist, wie Martin Luther King, Jesse Jackson und Al Sharpton, evangelischer Geistlicher, aber er ist, auch ohne Partei und Mandat, auf seine Art auch Politiker. Und er ist eine Berühmtheit geworden, weil er die Zahl seiner Gemeindemitglieder in 35 Jahren von 87 auf mehrere zehntausend gesteigert hat, durch feurige Predigten und unermüdliches Spendensammeln. Später kam eines zum andern. Die berühmten Schwarzen in Chicago suchten ihn, oder er suchte sie, jedenfalls wurde Wrights Kirche Bastion und Zufluchtsort einer neuen schwarzen Aufsteigerklasse. Hier trafen und treffen sich Oprah Winfrey und der Pastor regelmäßig zum Gedankenaustausch, hier gehen die Obamas in die Kirche. Wright bekehrte Obama mit seiner Botschaft von Christus, die bei ihm in der Tradition des deutschen Calvinismus steht, aber auf eine radikale, manchmal fast aggressive Weise ins Politische gewendet ist: „Selbstbewusst schwarz und unverbesserlich christlich", heißt das Motto, das Wright seiner Kirche, inzwischen ein wuchtiger Bau an einer vielbefahrenen Ausfallstraße in Chicago, gegeben hat. Man liest es als Wandspruch und kann es als Autoaufkleber im Kirchenladen kaufen. Und weil sich das Schwarze und das Christliche bei Jeremiah Wright so zwangsläufig miteinander verbinden, hängt im Vorraum der Kirche auch ein Kreuz mit einem schwarzen Corpus: Warum soll man den historischen Jesus den Weißen überlassen?

Wright hat Obama mit seinen Predigten inspiriert, bis hin zu der nun durch Obamas Buch legendär gewordenen Predigt unter dem Schlachtruf „Das Wagnis der Hoffnung". „Barack Obama ist ein großer Idealist", sagt Wright über sein berühmtestes Gemeindemitglied, das hier sogar noch im Wahlkampf gelegentlich zum Gottesdienst erscheint, auch hier im Anzug und mit Krawatte, so wie es sich unter schwarzen Protestanten beim Kirchgang gehört, „ich war oft, wenn wir miteinander sprachen, überrascht, wie idealistisch er immer noch ist."

Oprah Winfrey, Michelle Obama und Jeremiah Wright sind die drei Kronzeugen, die vor dem schwarzen Amerika für Barack Obama bürgen. Nach all seinen Identitätskrisen ist er doch immer noch auf Hilfe angewiesen, selbst wenn es nur darum geht, von Schwarzen als Schwarzer akzeptiert zu werden.

Aber vielleicht ist es auch ein Fehler, so viel darüber nachzudenken, welche Bedeutung Barack Obamas Hautfarbe in diesem Wahlkampf hat. Vielleicht ist man schon in die gedankliche Falle hineingelaufen, wenn man sich erst einmal auf diese Debatte einlässt. Vielleicht ist Amerika nur in dem Maße für den ersten schwarzen Präsidenten bereit, in dem es auch in der Lage ist, die Fortsetzung der alten Debatten über Schwarz und Weiß ganz einfach zu verweigern. Allerdings lässt sich eine solche Verweigerung bislang nicht beobachten.

Sind es nicht die Sachthemen, die einen solchen Wahlkampf entscheiden sollten? Das ist die Idealvorstellung aus dem Grundkurs Politik und Sozialwissenschaften, und es ist die treuherzige Auskunft, die die Wähler den Meinungsforschern immer wieder geben, wenn vor der Wahl gefragt wird, wovon ihr Entscheidung abhängt: Sachthemen! Doch das stimmt einfach nicht.

Sachthemen sind eben nicht wahlentscheidend, sondern Sympathie, Emotionen, Vertrauen, Ängste, Sehnsüchte, also kurz: das ganze Spektrum emotionaler Regungen zwischen Menschen. Und in der modernen Medienwelt, in einem Zeitalter, in dem das Internet keinen Programmschluss kennt und die Fernsehsender aus jeder Mücke eine Elefanten machen, gilt all das umso mehr. Sachthemen im Wahlkampf, das ist die Theorie; die Emotionen – das ist die Praxis.

Obama versteht sich vielleicht sogar am besten darauf, einen emotionalen Wahlkampf zu führen. Doch manchmal ist dann auch wieder alles anders. Mit dem Irak-Krieg gibt es ein Sachthema, das so wichtig ist und so viele Menschen bewegt, dass dieses Thema allein die Gesetze und Erfahrungen eines hochgradig personalen Wahlkampfes vorübergehend außer Kraft setzen kann.

Obama hat beim Thema Irak den allermeisten Konkurrenten – in seiner eigenen Partei wie auch in der größeren, nationalen Perspektive – etwas Entscheidendes voraus: Er hat seine Meinung nie geändert. Während Hillary Clinton und John Edwards im Jahr 2003 im Senat für die Autorisierung militärischer Gewalt und damit de facto für Bushs Irak-Krieg gestimmt haben, bevor sie sich selbst, viel später natürlich, zu Kriegsgegnern erklärt haben, war Barack Obama schon vor fünf Jahren genauso gegen diesen Krieg, wie er es heute ist. „Ich bin nicht grundsätzlich gegen jeden Krieg", hatte er Ende 2002, wenige Monate vor Kriegsbeginn, während einer Friedensdemonstration in Chicago gesagt, „aber ich bin gegen dumme Kriege, gegen blindwütige Kriege. Ich bin gegen Kriege, die nicht auf Vernunft aufbauen, sondern von Leidenschaft getrieben werden, Kriege, in denen es nicht um Prinzipielles, sondern nur um Politik geht ... Ich bin dagegen, dass ein paar Sofa-Krieger uns ihre Agenda aufdrängen. Saddam Hussein stellt keine unmittelbare Gefahr für die Vereinigten Staaten oder seine Nachbarn dar. Dieser Krieg wird unabsehbare Konsequenzen haben, er wird unkalkulierbare Kosten verursachen und unabsehbar lange dauern." Barack Obama war damals noch ein wenig beachteter *State Senator* in Illinois. Jetzt ist er Präsidentschaftskandidat, und im Wahlkampf ist diese Rede viel wert. Sie weist ihn als Politiker von ungewöhnlich großer Weitsicht aus, sie zeigt seinen Mut, sich gegen die eigene Parteiführung zu stellen, aber sie macht ihn nicht als linken Pazifisten verdächtig. Die Rede hat die Zeit gut überstanden. Das können Hillary Clinton und John Edwards von ihren Reden aus der Zeit vor dem Irak-Krieg nicht sagen. Beide hielten damals patriotische Ansprachen, um Bush den Rücken zu stärken. Ihre Berater hatten ihnen gesagt, dass eine Stimme gegen Bush verheerende Folgen haben könne, wenn der Irak-Krieg ein schneller, durchschlagender Erfolg sein würde. Jetzt, da es anders gekommen ist, haben Hillary Clinton und John Edwards größte Mühe, die Abstimmung von damals zu erklären. Edwards hat den Fehler eingeräumt, Hillary Clinton stellt sich auf den Standpunkt, sie sei von Bush in die Irre geführt worden und habe deshalb die Entscheidung für den Krieg getroffen. Es sei, argumentiert sie etwas verquast, die richtige Entscheidung auf der Grundlage von Informationen gewesen, die sich als falsch herausgestellt haben. Ob sie ihr Votum im Rückblick auch für ihre eigene Fehlentscheidung hält, bleibt offen.

Barack Obama hat solche Sorgen nicht. Er ist der glaubwürdigste Kandidat für die Pazifisten und Kriegsgegner am linken Rand der Partei und auch für die vielen Moderaten in der politischen Mitte, die sich einen Präsidenten wünschen, der in der Lage ist, den Krieg rasch zu beenden und die Soldaten nach Hause zu bringen. Wie sehr Obama mit seiner konsequenten Ablehnung des Krieges bestimmte Wählergruppen und politische Beobachter beeindruckt hat, zeigt sich auch daran, dass er Ted Sorensen mit seinen Anti-Kriegsreden für sich gewonnen hat. Sorensen, Redenschreiber und Berater von John F. Kennedy, war von allen Kandidaten der Demokratischen Partei umschwärmt worden, doch er entschied sich am Ende, Barack Obama zu unterstützen. „Wenn ich heute an Kennedy denke", sagt Sorensen, „dann verstehe ich, dass seine größte Stärke das Urteilsvermögen war. Und Obama hat auch dieses Urteilsvermögen. Er ist beim Irak-Krieg von Anfang an bei seinem Urteil geblieben und hat diesen Krieg zu jedem Zeitpunkt abgelehnt."

Doch so gut Barack Obama als Kritiker der Irak-Politik ausgewiesen ist, so sehr er auch von der Friedensbewegung bevorzugt wird (weil Hillary Clinton beim Thema Irak als Opportunistin gilt und bis heute kein Ende der Mission zweifelsfrei in Aussicht stellt), so klar ist doch auch, dass Obama nicht allein als Anti-Kriegskandidat Präsident werden kann. Sein Wahlkampfteam hat schon im Jahr 2006, noch bevor überhaupt feststand, dass Obama antreten würde, begonnen, Themen zu identifizieren, die einerseits im Wahlzyklus 2007/2008 eine große Rolle spielen könnten, andererseits für Barack Obama, mit seiner eigenen Geschichte, besonders geeignet sind. Bei solchen Rechnungen kann man sich leicht verkalkulieren, weil sich meistens erst im Rückblick klar zeigt, welche Themen den Wahlkampf dominiert und die Wahl entschieden haben, weil außerdem das aktuelle Geschehen jeden noch so gut geplanten Wahlkampf durcheinanderwirbeln kann. Doch weil das Unvorsehbare nicht planbar ist, hat man sich im Obama-Team auf das konzentriert, was nach allen Umfragen die Amerikaner am meisten beschäftigt, und das sind neben dem überragenden Thema Irak die Themen Terrorismusbekämpfung, Gesundheit, Schule, Armut, Umwelt und Energie, verbunden mit der schwer auf einen Begriff zu bringenden, thematisch aber am Ende der Ära Bush nicht unbedeutenden Frustration vieler Amerikaner über „die in Washington", also den Einfluss der Lobbyisten und die innere Verkommenheit des politischen Betriebs. Barack Obama macht dabei

nicht den naheliegenden Fehler, allen alles zu versprechen, sondern er verbindet Kernpunkte seines Programms mit seiner Persönlichkeit und seiner politischen Philosophie.

Das zeigt sich etwa in der Außenpolitik, wo er sich klar von der
Regierung Bush, aber ebenso klar vom linken Rand seiner Partei
abgrenzt. So will er den von Bush initiierten „Heimatschutz"
noch weiter ausbauen, Terroristen auch mit geheimdienstlichen
und militärischen Mitteln jagen und die Bush-Doktrin in einem
entscheidenden Punkt sogar fortsetzen: Verbündete Länder sollen mit massivem Druck gezwungen werden, bei der Terroristen-
bekämpfung mitzuhelfen. Obama wäre nicht so töricht, etwas zu
sagen wie: „Wer nicht für uns ist, ist gegen uns." Aber etwa darauf läuft, was er meint, doch hinaus. Es sind solche Positionen,
die den demokratischen Mitbewerber um die Präsidentschaftskandidatur, Mike Gravel, dazu geführt haben, über Obama zu
sagen: „Leute wie er machen mir Angst. Die planen schon die
nächsten Kriege." Doch das ist die Meinung eines linken Außen-
seiters, die man nicht allzu ernst nehmen muss. Denn natürlich
will Obama in der Außenpolitik auch klare Korrekturen vornehmen und nicht einfach dort weitermachen, wo Bush im Januar 2009 aufhören wird. „Wir müssen Amerikas Ansehen in der
Welt wiederherstellen. Wir müssen wieder mit allen vernünftig
reden, mit unseren Freunden wie auch mit unseren Feinden."
Als Obama in einer Fernsehdebatte, die es in diesem ungewöhnlich frühen, ungewöhnlich intensiven Wahlkampf schon fast
jede Woche gab, gefragt wurde, ob er also auch mit Leuten wie
Fidel Castro und Mahmud Ahmadinedschad zum persönlichen
Gespräch zusammenkommen würde, bejahte er ausdrücklich:
„Wir müssen mit allen reden. Das Gespräch ist immer der Anfang." Hillary Clinton sagte später, sie werde solche Gespräche
selbstverständlich nicht führen, und Obamas Gesprächsangebot
an die Diktatoren dieser Welt schenke ihnen einen gefährlichen

propagandistischen Erfolg. Obama sei außenpolitisch, so die frühere First Lady, „naiv". Obama ließ das nicht auf sich sitzen und konterte: „Ich finde es amüsant, dass ich ausgerechnet von denen kritisiert werde, die zugestimmt haben, als unser größtes außenpolitisches Desaster in einer Generation beschlossen wurde." Einen weiteren geschickten Schachzug in der Außenpolitik unternahm Obama gleich zu Beginn seiner Arbeit als Senator in Washington: Er suchte die Nähe zum republikanischen Senator Richard Lugar, einem der ältesten, klügsten und unbeirrbarsten Parlamentarier in Washington. Wo immer es irgend möglich war, stimmte er mit Lugar, gab ihm recht oder trat gleich mit ihm zusammen vor die Presse. Der gewünschte Effekt ließ nicht lange auf sich warten. „Die beiden sind das dynamische Duo in Washington, und das über Parteigrenzen hinweg", schrieb das Magazin „Washington Monthly" im September 2006, „sie denken ähnlich, sie mögen sich, sie arbeiten gut zusammen. Das ist sehr ungewöhnlich in einem so aufgeheizten politischen Klima." So hat sich Obama auf beiden Seiten gut abgesichert: Gegen die potentielle Kritik von links, er sei in der Außenpolitik zu konservativ, steht seine konsequente Gegnerschaft zum Irak-Krieg; jeder, der ihn von rechts kritisiert, also auch Hillary Clinton, muss anerkennen, dass sich Obama im Kapitol nicht als linker Weltverbesserer, sondern eher als Realpolitiker alter Schule etabliert hat.

Auch in den anderen Politikfeldern zeigt sich Obamas sehr gemäßigte „linke" Philosophie (an europäischen Maßstäben gemessen kann man sie wohl überhaupt nicht links nennen, sondern müsste immer noch von „konservativ-liberal" sprechen, allerdings mit einem starken sozialen Akzent), verbunden mit einem politischen und wahltaktischen Kalkül, das immer wieder auf die Mitte des politischen Spektrums zielt. Besonders deutlich ist das etwa in der Gesundheitspolitik – wegen der bereits auf das Rentenalter zugehenden geburtenstarken Jahrgänge und des rasanten medizinischen Fortschritts auch in den USA eines der brennenden Themen. Eine klare „linke" Position wäre die Forderung nach einer gesetzlichen Krankenversicherung für alle. Damit ist vor vier Jahren Howard Dean in die *Primaries* gegangen. Doch Deans plötzliches Scheitern, das den Weg frei machte für den späteren Wahlverlierer John Kerry, wird auch dem Umstand zugeschrieben, dass er sich zu weit links positioniert hatte und Amerika zu radikal verändern wollte. Deshalb klingt es bei Barack Obama jetzt zwar so, als wolle er als Präsident unverzüglich dafür sorgen, dass die bislang 47 Millionen Amerikaner ohne Krankenversicherung endlich Versicherungsschutz bekommen, doch wenn man sozusagen das Kleingedruckte des „Obama Health Care Plan" liest, stellt man schnell fest, dass seine Politik eher auf Korrekturen, finanziellen Anreizen und direkten Subventionen beruhen, vor einem kompletten Umbau des amerikanischen Gesundheitswesens aber zurückschrecken würde. Nur für die neun Millionen unversicherten Kinder in den USA will Obama den obligatorischen Versicherungsschutz festschreiben. Für alle anderen gilt, dass sie bürokratische und rechtliche Hilfe bekommen sollen, wenn sie von einer privaten Krankenversicherung, etwa aufgrund von bestehenden Krankheiten, abgewiesen werden. Außerdem sollen Arbeitgeber, die keine Krankenversicherung bereitstellen, zu einer neuen Gesundheitsabgabe verpflichtet werden. „Jeder Amerikaner hat das Recht auf eine Krankenversicherung, die man sich auch leisten kann", sagt Barack Obama in seiner Standardrede. Das klingt so, dass man einfach nicht widersprechen kann, doch im zustimmenden Beifall an dieser Stelle geht oft unter, dass Obama damit gleichzeitig sagt, es solle auf jeden Fall bei einer rein privaten und freiwilligen Krankenversicherung bleiben. Das soll die Ängste der Wirtschaft mildern, es könnten allzu große Kosten auf die Unternehmen oder massive neue Sozialabgaben auf die Verbraucher zukommen. Doch von einer Kernforderung seiner politischen Anfangszeit hat sich Obama damit also verabschiedet. Seine Berater haben ihm gesagt, dass es nicht anders geht. Eine gesetzliche Krankenversicherung wird in den USA mit einer Art von Sozialismus gleichgesetzt. Politiker, die so etwas fordern, gelten als unwählbar. Wenn sich Barack Obama, wie er selber sagt, Sorgen macht, ob er am Ende dieses Wahlkampfes noch derselbe ist oder zu viele Zugeständnisse, zu viele faule Kompromisse gemacht hat, dann ist die Sorge an dieser Stelle sicher besonders berechtigt.

Besser verteidigt hat er seine Prinzipien und politischen Glaubenssätze in der Bildungspolitik und Armutsbekämpfung. Was Obama will, könnte man in diesem Fall tatsächlich „sozialdemokratisch" nennen. Es ist ein Programm klassischer sozialstaatlicher Maßnahmen, von Arbeitsbeschaffungsprogrammen über kostenlose Bildungsangebote bis zur Anhebung des gesetzlichen Mindestlohns. Hinzukommen sollen neue Steuerfreibeträge für die untersten Einkommensgruppen und ein Rechtsanspruch auf „Lohnfortzahlung im Krankheitsfall an sieben Arbeitstagen pro Jahr". Allein daran sieht man, dass Obama selbst mit dem Wandel, den er anstrebt, die USA nicht rasch an europäische Verhältnisse heranführen würde. Doch für die USA ist die Forderung ein kleiner Schritt nach links, denn bislang haben drei Viertel aller Arbeiter, die auf Stundenbasis bezahlt werden, überhaupt keinen Anspruch auf eine Lohnfortzahlung im Krankheitsfall. Wenigstens ein Teil der 37 Millionen Amerikaner, die unter der Armutsgrenze leben, würde unmittelbar von seiner Sozialpolitik profitieren; doch die Ziele bleiben vorläufig – und mit Blick auf den Wahlkampf – hinter seinen eigenen Erwartungen zurück. In der Bildungspolitik gibt sich Obama rhetorisch links und schreckt auch vor dem Klassiker demokratischer Präsidentschaftskandidaten nicht zurück, höhere Löhne für Lehrer zu fordern (so wie in fast jedem Wahlkampf die Republikaner eine Solderhöhung für Soldaten verlangen, um den traditionellen Zugriff auf diese Wählerschaft nicht zu verlieren). Doch bei genauerem Hinsehen stellt man fest, dass sein Programm erstaunliche Ähnlichkeiten mit dem von George W. Bush aufweist. Das sagt Obama zwar nicht, im Gegenteil, er macht auch in der Schulpolitik der amtierenden Regierung die schlimmsten Vorwürfe; doch richtig ist, dass er mit nur leicht veränderten Akzenten an genau den Stellen ansetzen will, an denen es auch Bush – teils mit Erfolg, teils ohne – versucht hat: Mehr Förderungsprogramme für arme Kinder im Vorschulalter, eine bessere Ausbildung der Lehrer und – das Herzstück der Schulreform unter Bush – rigide Testverfahren, die die Schwächen einzelner Schulen und Lehrer frühzeitig erkennen lassen.

So richtig links klingt Barack Obama für europäische Ohren aber nur, wenn er seine Umwelt- und Energiepolitik erklärt. Dann fällt er manchmal in die billigen rhetorischen Muster, mit denen man wenig sagt, aber viel Applaus bekommt: Schelte für die großen Energieunternehmen, Empörung über den Einfluss der Industrielobby, Horrorszenarien über Klimaerwärmung und die Zukunft der Erde. Was er sagt, würde auch auf jedem Grünen-Parteitag mit viel Beifall bedacht: „Wir geben künftige Generationen einer globalen Katastrophe preis, wenn wir uns nicht aus der Geiselhaft der fossilen Brennstoffe befreien. Wir müssen Maßnahmen ergreifen, um den katastrophalen, von Menschen gemachten Klimawandel zu stoppen, sonst werden die Folgen verheerend sein." Bis 2050, so sieht es Obamas Plan vor, sollen die Kohlendioxid-Emissionen um 80 Prozent reduziert werden, wobei er an dem umstrittenen System festhalten will, nach dem nationale Obergrenzen mit anderen Ländern getauscht und gehandelt werden können. Außerdem will er die mächtige amerikanische Autoindustrie verpflichten, den Treibstoffverbrauch neuer Autos zehn Jahre lang um je vier Prozent pro Jahr zu drosseln, was ehrgeizig ist, aber durchaus möglich in Anbetracht des enorm hohen Verbrauchs amerikanischer Autos. Vor dem äußersten aber schreckt Obama, jedenfalls als Wahlkämpfer, der genau aufpassen muss, was er tut, doch zurück: Eine deutliche Erhöhung der Mineralölsteuer schließt er auf Nachfrage immer wieder aus. Auch das mag an die Grenzen seiner politischen Elastizität gehen, denn für Umweltthemen hat er sich seit je ernsthaft interessiert. Aber da sich viele Amerikaner ohnehin über den gestiegenen Spritpreis beklagen und ihn auf Wahlkampfveranstaltungen sogar oft fragen, was er dagegen tun will, wäre eine Erhöhung der Mineralölsteuer ein garantierter K.O. für seinen Wahlkampf. „Kurzfristig kann ich als Präsident wenig gegen den hohen Benzinpreis tun", sagt er, „aber ich glaube, wir müssen langfristig unsere Abhängigkeit vom Öl reduzieren." Eine gute Figur macht er bei dieser Frage nicht. Es ist ein Thema wie Waffenbesitz in den USA. Obama windet sich und gibt ausweichende Antworten, er legt auf Bestellung Bekenntnisse ab und beteuert, dass er selbstverständlich das Recht auf den individuellen Waffenbesitz schützen werde. Bei geschätzten 100 Millionen Waffenbesitzern in den USA kann man als Politiker nichts anderes sagen. Und Autofahrer gibt es noch viel mehr.

Außenpolitik, Gesundheit, Schule, Armutsbekämpfung, Umwelt, Energie – das ist das breite Spektrum, das Barack Obama abzudecken versucht, um dem Vorwurf des Erfahrungsmangels und der Spontankandidatur ohne Substanz entgegenzutreten. Obama soll ein Markenname sein, aber auch ein politisches Paket. Obama soll einerseits eine vage, hoffnungsvolle Idee auf ein besseres Amerika sein, andererseits aber auch Lösungen anbieten, wo die Botschaft aus Optimismus und Zuversicht allein nicht ausreicht. Praktisch läuft das so ab, dass ganze Stäbe von Mitarbeitern die Positionen ermitteln, die der Kandidat einnehmen soll, natürlich im Einklang mit seinen Überzeugungen und seinem früheren Abstimmungsverhalten, aber sehr wohl auch mit Blick auf Umfrageergebnisse, strategische Überlegungen und die Positionen der Gegner. Das ist schon deshalb notwendig, weil die Kandidaten bei öffentlichen Auftritten und in den ständigen Spiegelfechtereien der Fernsehdebatten auf diese Themen ohne Vorwarnung angesprochen werden. Dann müssen sie eine wenigstens halbwegs durchdachte Antwort geben können. Wahlkampf ist live.

Um manche Positionen festzulegen, werden von den Regisseuren des Wahlkampfs sogar eigens „Focus-Gruppen" zusammengesetzt, und man testet erst einmal unter nicht öffentlichen Bedingungen, wie bestimmte politische Forderungen und Formulierungen beim Publikum ankommen würden. Strategen und Redenschreiber nehmen dann den Feinschliff vor, bis der Kandidat schließlich eine Rede hält, die die Positionsbestimmung quasi dokumentiert – und außerdem von den Pressesprechern und PR-Beratern mit so viel Wirbel begleitet wird, dass auch eine gewisse Medienresonanz sichergestellt ist. So setzt sich ein Wahlprogramm aus Mosaiksteinen zusammen. Und Barack Obama gibt sich in diesem Bild mit einem Stein besondere Mühe: Er verspricht eine andere, neue Politik in Washington. Er redet mehr über die Macht der Lobbyisten, die endlich gebrochen werden muss, als über die Armut in den USA. Er schimpft seltener auf die „konservative Politik" und häufiger auf die „konventionelle Politik" (was seine Partei ja durchaus einschließen kann). Er will die Politik weniger verändern als die Art, wie Politik gemacht wird. Es ist keinesfalls ein neues Wahlkampfthema, im Gegenteil. Von Ronald Reagan über Jimmy Carter bis Bill Clinton und George W. Bush sind die meisten Präsidenten der jüngsten amerikanischen Geschichte (und die der älteren übrigens auch) mit der Aura des Außenstehenden angetreten, mit dem Image desjenigen, der mit diesem politischen Klüngel in der Hauptstadt nichts zu tun hat. So macht das auch Obama, auch wenn es in seinem Fall nicht stimmt (aber so richtig stimmte es nie), weil er als Senator noch deutlicher Teil der Washingtoner Politikmaschine ist als etwa ein Gouverneur. Beim Thema „die in Washington" wird Obama auch schon mal populistisch und demagogisch. Dann greift er auch auf klassische antidemokratische Klischees zurück und spricht davon, dass „mal ausgemistet werden muss" oder die Washingtoner Politik „total korrupt" sei.

Richtig daran ist, dass der Einfluss der Lobbyisten auf die amerikanische Politik in den letzten zehn Jahren immer größer geworden ist und dass sich gegen Ende der langen republikanischen Herrschaft – im Repräsentantenhaus von 1994 bis 2006, im Weißen Haus von 2001 bis mindestens 2009 – der Verdruss über allerlei Seil- und Machenschaften besonders breitmacht. Obama nutzt das, aber er hat dabei auch noch etwas anderes im Sinn: Jeder Angriff auf die „alte Politik", die „Politik von gestern" oder die „konventionelle Politik" ist zwar vordergründig ein Angriff auf die Republikaner, und das allein ist hochpopulär, doch dahinter steht immer auch die Ablehnung von Hillary Clinton. Denn nach 30 Jahren in der Politik, nach acht Jahren als First Lady im Weißen Haus, nach Dutzenden von Skandalen – nicht nur der Lewinsky-Skandal, der ihr ja vielleicht noch manchen Sympathie- und Mitleidsbonus einbringt, sondern die Whitewater-Immobiliengeschäfte, Spendenskandale etc. –, ist Obamas Rivalin an dieser Stelle angreifbar: Sie kann nicht mit Barack Obama konkurrieren, wenn es darum geht, Aufbruch und Neuanfang zu signalisieren. „Es reicht nicht, wenn wir in Washington eine mächtige Clique durch eine andere mächtige Clique austauschen", sagt Obama oft bei seinen Auftritten. Jeder versteht, wie das gemeint ist: Hillary Clinton und die ihren sind doch auch nicht viel besser als die Bushies und Cheneys; wer wirklich eine neue Politik will, der muss Obama wählen und das Wagnis eingehen, die herkömmliche Politik komplett hinter sich zu lassen. Es ist eine attraktive, aber auch nicht ganz ungefährliche Botschaft. Denn die Amerikaner wollen jetzt sicher Wandel und Neuanfang, aber wie weit dieser Wandel gehen soll, wie radikal der Neuanfang sein darf, das ist eben noch nicht ausgemacht, und vielleicht sind sich viele Amerikaner darin auch noch nicht ganz sicher. Deshalb sucht Barack Obama immer die Balance zwischen dem spätjugendlichen Sozialreformer, der ein neues, gerechteres, ganz anderes Amerika verspricht, und dem seriösen Mann mit Augenmaß, der eher evolutionär als revolutionär denkt und außer einem begrenzten Maß an Veränderung auch ein großes Maß an Kontinuität verspricht. Diese Rechnung kann aufgehen, früher oder später. Es kommt darauf an, wie viel Neues und Unbekanntes Amerika wagen will.

Doch das alles ist die Theorie, oder besser: die Strategie. Es sind die Überlegungen von hauptberuflichen Public-Relations-Managern, es sind die Ergebnisse endloser Diskussionsrunden im Beraterkreis, wahlweise mit oder ohne Barack Obama. Doch grau ist alle Theorie. Die Realität, der Wahlkampf draußen auf den Bühnen, in den Sälen und Stadien, in den Fernsehstudios und Redaktionsräumen, in den öffentlichen Streitgesprächen und nichtöffentlichen Studien der diskret beauftragten Meinungsforscher, sieht ganz anders aus. Barack Obama ist unterwegs, und ohne Zweifel immer noch auf dem Weg nach oben, doch die politische Dynamik auf diesem Niveau ist unkontrollierbar geworden.

Dazu gehören die unrealistischen Erwartungen, die Obama entgegengebracht werden. Die Menschen kommen zu tausenden, bisweilen zu zehntausenden, zu seinen Wahlkampfveranstaltungen (das ist mehr als jeder andere Kandidat im Frühstadium des Wahlkampfes auf die Beine bringen würde), doch sie gehen nicht alle in Euphorie und Begeisterung nach Hause. Manche sind auch enttäuscht. „In den ersten Monaten des Wahlkampfes", erzählt Obama, „war es immer so: Wenn ich mit meiner Rede nicht gleich jemanden zum Heulen gebracht habe, hieß es später: ‚Komisch, der Typ ist doch nicht so inspirierend, wie ich dachte.'" Der eigene Ruhm kann einem auch im Weg stehen, er kann behindern und stören, oder, wie der Autor Ryan Lizza klug bemerkt hat: „Sein Ruhm macht ihn kleiner, als er wirklich ist." Denn selbst viele von denen, die begeistert von ihm sind und ihn fanatisch unterstützen, wissen gar nichts über ihn und müssen ihn erst noch kennenlernen. Sein Ruhm ist ein Ruhm auf Kredit. „Es gibt eine Menge Leute, die zu unseren Veranstaltungen kommen und glauben, dass er damals auf der Bühne beim Parteitag in Boston zur Welt gekommen ist", sagt Obamas Wahlkampfmanager David Plouffe. Das soll heißen: Sein öffentliches Image, so positiv es auch sein mag, ist so eng mit dieser einen Rede, diesem einen Augenblick in der Geschichte der Partei und der Geschichte des Landes verknüpft, dass die Begegnung mit dem realen Barack Obama immer eine Überraschung ist und nicht selten eine Enttäuschung. „Ich habe mich so auf diese Sprache von damals, auf die Sprache des großen Redners gefreut", sagt Kara Asmussen, eine Lehrerin, die wie viele hier in Iowa, gleich zum ersten Auftritt des Präsidentschaftskandidaten gekommen ist. „Aber diese große Rede habe ich heute nicht gehört. Es wäre schön gewesen, wenn er inspirierender gewesen wäre." Solche Reaktionen, für sich genommen, wären problematisch genug. Aber es kommt noch schlimmer. Während viele, die Barack Obama das erste Mal live erleben, verstört sind, dass sie es hier mit einem echten Politiker und Wahlkämpfer zu tun haben und nicht mit einem vom Himmel schwebenden Friedensengel, der süßliche Botschaften verbreitet, kritisieren viele Kommentatoren in den USA das Gegenteil: Obama, heißt es, sei zu unverbindlich, eher thematisch als programmatisch, er spreche zu viel von

Hoffnung und zu wenig vom Haushaltsdefizit. Obama, auch das ist eine Erfahrung seines Wahlkampfes, hat plötzlich genauso viele Kritiker wie Fans, und er kann es nicht allen recht machen. Und das zu versuchen, wäre auch ganz falsch. John Kerry und Al Gore haben das versucht. Sie haben sich von morgens bis abends beraten lassen, was sie wann wie zu sagen hätten, um optimale Sympathiewerte zu erreichen. Und weil die Ratschläge naturgemäß widersprüchlich waren, wussten sie nicht mehr recht, wie sie auftreten sollten, und wirkten im Ergebnis unsicher und gekünstelt. Obama muss und will er selbst bleiben. Und er ist nun einmal beides: der flammende Redner, den man sich mit leicht veränderten Akzenten auch als Prediger in einer baptistischen Kirche vorstellen könnte; der kühl kalkulierende Wahlkämpfer, der ein Ziel fest im Blick hat, das er, wenn auch nicht um jeden, dann um beinahe jeden Preis erreichen will. Lizza hat diese komplexe Persönlichkeit in einer Art von Schichtenmodell gedeutet: „Unter der inspirierenden Führungspersönlichkeit, der es wirklich darum geht, Politik zu gestalten – und auf die verzweifelte Demokraten, Wechselwähler und nicht wenige Republikaner ihre Hoffnungen projizieren – steht ein ehrgeiziger, kantiger und manchmal rücksichtsloser Politiker. Aber unter dieser Persönlichkeit steckt wieder ein anderer, ein Obama, der weiß, dass der Zeitpunkt in der Politik entscheidend ist und dass zu diesem extrem schwachen Moment im politischen Leben Amerikas jemand gebraucht wird – und er glaubt fest, dass er dieser jemand ist –, der die Nation so aufrichtet, wie es seit einem halben Jahrhundert kein Politiker mehr getan hat." Mit anderen Worten: Sendungsbewusstsein, persönliche Ambition und humanistische Ideale verbinden sich in Obama zu einer komplexen Persönlichkeit, die viele begeistert und manche irritiert. Er selbst weiß das inzwischen besser als jeder andere. Und er versucht es, für sich zu nutzen, indem er sich von denen abgrenzt, die als Politmaschinen ohne Herz und Seele, ohne innere Widersprüche und Ambivalenzen, agieren: „Wenn es nur noch um Taktik und Politik geht, wenn da kein Idealismus im Spiel ist, wenn es nicht dieses Gefühl gibt, dass hier eine Bewegung in Gang gesetzt wird, dann wird man auch nicht in der Lage sein, wirklich etwas zu verändern. Dann verschieben sich nur die Machtverhältnisse in Washington." An wen denkt Barack Obama bei diesen Worten? Das sagt er selbstverständlich nicht. Aber man weiß es ja: Er meint wieder Hillary Clinton. Er weiß, was er ihr voraushat. Er liegt zwar in allen Meinungsumfragen hinter ihr, aber bei der Frage, wem man eine echte Erneuerung des Landes zutraut, hat er einen Vorsprung. Denn natürlich durchblicken selbst die, die Hillary Clinton wählen wollen, dass ihre Kandidatur – einmal abgesehen von dem nicht unbedeutenden Detail, dass sie eine Frau ist und die erste Präsidentin in der amerikanischen Geschichte wäre – altmodisch und konventionell ist, in vielerlei Hinsicht sogar regelrecht konservativ. Mit ihrer Erfahrung im politischen Geschäft kann Obama nicht mithalten; aber wenn es um Elan und neue Ideen geht, ist er ihr meilenweit voraus.

Deshalb war es unter den bislang eher kleinen Wahlkampfskandalen der bislang größte, als ein Papier aus der Wahlkampfzentrale von Barack Obama an die Öffentlichkeit kam, in dem ganz nüchtern erwogen wurde, wie man Hillary Clinton am besten fertig machen könnte. Da standen dann so kreative Ideen drin wie die, Hillary Clinton öffentlich vorzuwerfen, von Firmen Wahlkampfspenden angenommen zu haben, die amerikanische Jobs nach Indien ausgelagert haben. Außerdem sollen beide, Hillary Clinton und ihr Mann, privates Geld gewinnbringend in Indien angelegt haben. „Senatorin des Staates Punjab" hieß ein Vorschlag für einen Anti-Hillary-Fernsehspot. Dazu muss man wissen, dass diese Art des Wahlkampfes, also der direkte, oft unsachliche, immer dramatisierte und durchweg polemische Angriff auf den politischen Gegner (während der Vorwahlen also auch noch auf die innerparteilichen Konkurrenten) ganz normal ist und zu diesem Zwecke eigene Rechercheteams unterhalten werden, die die Angriffspunkte der Gegner identifizieren sollen. Unnormal, oder jedenfalls überraschend für viele, war nur, dass Barack Obama das auch nicht anders macht. Der Heilige Barack stand, nachdem das geheime Strategiepapier der New York Times zugespielt worden war, plötzlich mit beiden Beinen in einem kleinen Schmutzwahlkampf. Ihm blieb nichts anderes übrig, als sich öffentlich zu entschuldigen. Selbstverständlich seien das nicht seine Ideen, selbstverständlich werde man nichts davon in die Tat umsetzen. Aber was beiläufig während dieser Episode herauskam, war, dass Barack Obama eine achtköpfige Mannschaft, das „Oppo-Team", dafür bezahlt, dass sie die Gegner beobachten, Vorschläge für Wahlkampfattacken machen und „Dreck ausgraben", wie Lizza das nennt. „Wir können ja nicht erwarten, dass Hillary Clinton einfach schlappmacht. Wir müssen etwas tun", hieß die etwas lapidare Erklärung in der Wahlkampfzentrale. Für Obamas Zukunft ist der ganze Vorfall sicher unbedeutend, aber es gibt ein paar Leute, die er damit sehr ernüchtert hat. Judson Miner zum Beispiel, sein Freund und Mentor aus alten Tagen in Chicago, war und ist enttäuscht und macht Obamas scharfkantigen und sehr ausgebufften Berater David Axelrod für Geschichten wie diese verantwortlich. Miner hatte Obama geraten, sich mit PR-Leuten von seinem Schlage nicht einzulassen. „Aber man kommt wohl nicht dahin, wo Barack heute ist, indem man jeden Tag Mr. Goodie ist. Manchmal muss man wohl solche Kompromisse machen", sagt Miner. Auch Barack Obama selbst gibt sich problembewusst, wenngleich er die Notwendigkeit eines solchen Angriffsteams energisch verteidigt: „Es ist schwer, die richtige Balance zu finden. Ich werde ja gerade in den großen Medien oft dafür kritisiert, dass ich angeblich nicht hart genug bin für einen Präsidentschaftswahlkampf. Nun ja, und jetzt zeigen wir mal hin und wieder unsere Ellbogen, und dann sind manche Leute gleich geschockt und sagen dann: ‚Siehst du, der ist doch nicht der, für den wir ihn gehalten haben.‘" An sein Team hat er deshalb die Parole ausgegeben, nur in politischen Sachfragen zu attackieren und nie persönliche Angriffe zu starten, außerdem nur dann anzugreifen, wenn jemand das rhetorische Feuer auf Obama eröffnet hat. Doch auch das ist mehr eine theoretische Überlegung, und in der Praxis ist der Unterschied zwischen dieser vorgeblich defensiven Vorgehensweise und den üblichen Schlammschlachten nur schwer zu erkennen. Wie man es dreht und wendet, zimperlich ist Barack Obama nicht. Als John Edwards, der selbst für den Irak-Krieg gestimmt hat, als Obama schon dagegen protestierte, in einer Fernsehdebatte ausgerechnet seine Äußerungen zum Thema Irak kritisierte, schoss Obama mit sichtbarer Häme zurück: „Bei diesem Thema kommt deine Einsicht aber viereinhalb Jahre zu spät."

Gleichzeitig der nette Schwiegersohn und das politische Kampftier zu sein, messianischer Hoffnungsträger und der Mann fürs Grobe in einem, das geht so eben nicht. Der Widerspruch bleibt unauflösbar.

Doch das ist vor allem ein Thema in den Medien, in den politischen Zirkeln der Hauptstadt, unter Meinungsforschern, Journalisten und Parteistrategen. Die Wähler nehmen den Wahlkampf zwar zu einem immer größeren Teil durch die Medien wahr und wiederholen oft, was sie dort gehört und gelesen haben, doch gerade in den USA, dem Mutterland der Fernsehdebatten und Wahlwerbespots, ist der Wahlkampf auch immer noch ein echter Wald- und Wiesenwahlkampf, ein kleinstädtisches Ereignis, ein bodenständiges Kandidaten-Begucken mit Musikprogramm, Fragestunde, Luftballons und Hotdogs. Das gilt vielleicht in diesem Wahlkampf etwas weniger als früher, denn Barack Obama bringt durch seine Popularität oft derart große Menschenmassen auf die Beine – 20 000 in Austin, 20 000 in Atlanta, 12 000 in Oakland –, dass es den „Kandidaten zum Anfassen" nicht mehr so oft gibt wie früher. Aber wenn Barack Obama in Webster City, Iowa, auftritt, dann ist plötzlich eben doch alles so, wie in den klischeehaften Vorstellungen eines amerikanischen Wahlkampfes. 100 Leute sind gekommen, nicht nur Fans, auch Neugierige, und die fragen den Kandidaten nun das, was sie halt so interessiert. Es sind die Brot- und Butterthemen, die hier auch auf den Tisch kommen und den Kandidaten vor Probleme stellen, die ihm kein Berater oder PR-Stratege abnehmen kann. Hier hat im Vorjahr die Electrolux-Fabrik geschlossen, und viele fragen Obama, was er tun will, um neue Jobs in die abgelegenen Gegenden Iowas zu bringen. Er antwortet so, wie es jeder andere Kandidat auch tun würde: Er sagt, er wolle die amerikanische Wirtschaft stärken, er wolle Steueranreize für Investitionen in solchen Gegenden schaffen. Es ist keine Sternstunde politischer Redekunst, sondern Rhetorik als Handwerk. „Ich habe schon mit einigen gesprochen, denen es ganz ähnlich geht wie Ihnen", sagt er zu einer Arbeitslosen – ein Kniff, den er sich von Bill Clinton, dem Meister der Zuhörer-Vereinnahmung, abgeschaut hat –, „und ich glaube, wir müssen erst einmal sicherstellen, dass wir nicht auch noch denen ein Steuerschlupfloch anbieten, die mit der Produktion ins Ausland abziehen. Es müssen gleich hier in der Region neue Jobs entstehen." Das gibt einigen Beifall. Aber dann sagt jemand, Obama liege falsch, wenn er die Truppen aus dem Irak abziehen wolle, Amerika verliere ja auf diese Weise jede Glaubwürdigkeit in der Welt. Obama holt etwas weit aus und spricht über die Ursachen des Terrorismus und den Nahost-Konflikt. „Für mich ist das alles dasselbe", sagt der Mann ungeduldig und etwas an der Sache vorbei, „das sind alles Terroristen." „Wir können uns die Fortsetzung dieses Krieges nicht leisten. Er kostet uns 275 Millionen Dollar am Tag", sagt Obama dagegen, und nun reden beide vollständig aneinander vorbei. „Na und?", sagt der Mann, „so viel geben wir auch für Weihnachtsdekorationen aus." Obama ist sichtlich genervt und wechselt schnell zum nächsten Fragensteller. „Ich bin Jäger und Sportschütze", sagt ein junger Mann, „ich will wissen, wie Sie über Waffen denken." Auch das ist keine gute Frage für Obama und er geht nach ein paar Allgemeinplätzen zum Thema schnell zur nächsten Frage über. Die Benzinpreise, die illegalen Einwanderer, die Trinkwasserqualität, chinesisches Import-Spielzeug – es kommt noch einiges auf den Tisch. Solche Veranstaltungen sind schwer kontrollierbar, finden aber inzwischen auch vor laufenden Kameras statt. Obama hat heute wenig Glück. Die Bälle, die ihm zugespielt werden, sind zu schwierig. Eine Frau mit einem Baby auf dem Arm steht auf und sagt, dass ihr Mann im Irak kämpft und Obama alles tun soll, dass der Krieg bald endet. „Er ist in meinen Gedanken und Gebeten", sagt Obama, „und ich freue mich drauf, Ihren Mann kennenzulernen, wenn er endlich nach Hause kommt." Es ist, an einem schwachen Tag, vielleicht noch sein stärkster Augenblick.

Das Zusammentreffen in Webster City illustriert, was Meinungsforscher Obamas „Bier-Problem" nennen. Gemeint ist nicht, dass der Kandidat zu viel trinkt, sondern dass er Wähler, die typische Biertrinker sind, nur schlecht erreicht. Obama ist etwas für Weinliebhaber, sagen diese Demoskopen, also: Unter denjenigen, die mehr Geld und mehr Bildung haben, schneidet Barack Obama gut ab. Bei denen, die hart arbeiten, für Politik weder Interesse noch Zeit haben, abends ein Bier oder zwei trinken, während sie Sport im Fernsehen schauen – bei denen tut sich Obama schwerer. Sie spüren, so wie in Iowa, dass sich hier jemand etwas antrainiert hat, Sprüche und Gesten, den Ausdruck intensiven Zuhörens und das halbwegs passende Wort für jeden Augenblick, dass aber dieser jemand in Wahrheit doch in einer anderen Welt lebt, in der Welt von Seelachs, Espresso und Pinot Noir, unter denen, die Noam Chomsky und Tom Friedman lesen. Obama, auch das ist Teil dieser Analyse, die die von ihm selbst bezahlten Meinungsforscher in Variationen Woche für Woche neu liefern, genießt zwar ungewöhnlich viel Sympathie, aber noch ist unklar, ob sich das auch in Wählerstimmen umsetzen lässt. Zu viele sagen, dass sie ihn mögen, aber vielleicht doch nicht wählen würden. Nicht einmal die Hälfte seiner Sympathisanten ist sich sicher, im entscheidenden Augenblick für ihn zu stimmen. Die Sympathisanten Hillary Clintons haben sich dagegen schon zu zwei Dritteln entschlossen, dass sie sie auch tatsächlich wählen werden. Schon oft haben sich die amerikanischen Wähler in den vergangenen Jahren für einen Kandidaten begeistert und dann Angst vor der eigenen Courage bekommen: John McCain hat im Jahr 2000 Amerika wachgerüttelt, doch am Ende entschieden sich die Republikaner mehrheitlich, und die Amerikaner zur Hälfte für die scheinbar solidere Lösung: George W. Bush. Auch Bill Bradley entfachte frühzeitig großen Enthusiasmus, doch dann wurde Al Gore Kandidat, weil man bei ihm meinte, nicht um den Wahlsieg zittern zu müssen. Und natürlich: Howard Dean, der linkeste Präsidentschaftskandidat der letzten 20 Jahre, feierte in der Partei gigantische Erfolge, solange man diese Erfolge nur an Zulauf, Zustimmung, Sympathie und Wahlkampfspenden maß. Als es aber ans Wählen ging, war plötzlich alles anders. Gleich in den ersten *Primaries* gewann John Kerry, weil man Dean den Sieg gegen Bush nicht zutraute.

Gegen die „Kandidaten des Establishments", so Ryan Lizza, hilft auch die *starpower* eines medialen Augenblicks nicht. Doch lassen andererseits solche Überlegungen eines außer Acht: Die Begeisterung, die Barack Obama ausgelöst hat, geht tiefer als die früherer Partei- und Medienlieblinge. Er berührt die Amerikaner an ihrer empfindlichsten Stelle: an dem gebrochenen Selbstvertrauen, das Land der Chancengleichheit und Gerechtigkeit sein zu wollen, es aber doch nicht geschafft zu haben. Er führt die inneren Widersprüche der Nation vor, aber nicht anklagend wie

Jesse Jackson, sondern nach vorn schauend, versöhnlich. Deshalb wird das „Phänomen Obama" nicht wie ein Kartenhaus in sich zusammenfallen, auch wenn er die Wahl verlieren mag. Seine politische Zukunft hat erst begonnen.

„Ladies and gentlemen, the next President of the United States!" – an dieser Stelle macht Adrian Fenty die bewährte winzige Kunstpause, um dem Applaus Zeit zu geben, dramatisch anzuschwellen, die Spannung der letzten Sekunden vor dem ersten Blick bis ins Fieberhafte steigen zu lassen, und erst dann sagt er, ruft er, mit überakzentuierten Anlauten den Namen: „Ba-rack O-bama!" Ende September 2007. Washington, D.C. Ein neuer Ort, das alte Drehbuch. Obama ist mit seinem immer größer werdenden Tross aus Journalisten, Fotografen, Beratern und Sicherheitskräften in der Hauptstadt angekommen. Die Regierung hat ihm speziellen Personenschutz durch den Secret Service verordnet, was für diesen Zeitpunkt im Wahlkampf äußerst ungewöhnlich, aber mit Blick auf die historischen Erfahrungen mit politisch folgenreichen Attentaten durchaus verständlich ist. Durch die vielen Agenten, die ganz filmreif in dunklen Anzügen, mit Sonnenbrillen und Knöpfen im Ohr auffällig-unauffällig den Platz bevölkern, ist alles noch spektakulärer, oder besser: präsidentieller. Wenn Bush kommt, sieht es hier auch nicht viel anders aus.

Wieder eine „Wahlkampf-Rally". Ritual und Routine. Also heute keine Diskussion und keine Fragen. Keine frechen Wähler können hier dazwischenfunken und auch keine vorwitzigen Journalisten. Nur einer hat das Wort, genauer gesagt: zwei. Denn wie immer gibt es einen Lokalpolitiker, der den Kandidaten ankündigt: Adrian Fenty, der neue Bürgermeister von Washington, ein drahtiger glatzköpfiger Schwarzer, Immobilienmillionär und Marathonläufer, Obama in Statur und Aussehen nicht ganz unähnlich. Er ist einer der wenigen in der Partei, die es riskiert haben, sich schon jetzt auf Obamas Seite zu schlagen. Fenty hat es aus Überzeugung getan oder weil er weiß, dass Obama in Washington unheimlich populär ist und er bei seinen eigenen Wählern sicher Pluspunkte sammelt, wenn er ihn schon jetzt unterstützt. Neun von zehn Washingtonians sind Demokraten. Es ist das beste Heimspiel für Barack Obama im ganzen Land.

Fenty und er begegnen sich bei der Übergabe des Mikrofons wie zwei Schwarze im Ghetto. Sie deuten die ritualisierte Umarmung schwarzer Männer an, die immer etwas lächerlich ist, weil es so ruckartig zugeht und man die innige Berührung gleichzeitig sucht und meidet, die aber jetzt noch lächerlicher wirkt, denn in ihren dunkelblauen Maßanzügen sehen Fenty und Obama nun wirklich nicht aus wie zwei Rapper, die sich auf dem Bordstein begegnen. Aber Obama scheint es im Laufe des langen Vorwahlkampfes immer wichtiger geworden zu sein, wie ein authentischer schwarzer Kandidat zu wirken. Wäre die soziale und ethnische Identität allein eine Frage der Hautfarbe, könnte man sagen, dass Obama in diesem Wahlkampf gleichsam noch dunkler geworden ist. Aber es geht eben um viel mehr als nur um die Hautfarbe. Die Vorwürfe von so vielen Seiten, auch gerade aus der *Black Community*, haben ihm mehr zugesetzt, als er zugeben mag. Und dann gab es die kleinen rassistischen Ausrutscher seiner politischen Gegner, Harmlosigkeiten zwar, aber schlimm genug: Joe Biden, der kluge und erfahrene Senator, der als Außenseiter in die *Primaries* der Demokratischen Partei ging, hat doch allen Ernstes gesagt, Obama sei der erste schwarze Präsidentschaftskandidat, der „sauber" sei und sich „auch gut ausdrücken" könne. Natürlich war das kein Kompliment für Obama, sondern eine Beleidigung für alle Schwarzen Amerikas. Und Elizabeth Edwards, die im Übrigen sehr sympathische Frau des demokratischen Kandidaten John Edwards, verstieg sich in einem Interview über die schwachen Umfragewerte ihres Mannes doch tatsächlich zu dem Satz: „John ist halt kein Schwarzer." Auch sie hatte das alles nicht so gemeint, und das kann man ihr getrost glauben. Aber das änderte nichts daran, dass dem Wahlkampf doch, bevor er auch nur richtig begonnen hatte, ein Hauch von Rassismus anhaftete. Und wie immer in seinem Leben leidet Barack Obama doppelt darunter. Denn auch seine schwarzen Freunde haben ihm wieder schlimm zugesetzt. Jesse Jackson etwa warf Obama vor, er zeige neuerdings im Wahlkampf „ein Benehmen wie ein Weißer". Schwarze Parteifreunde, die ihm vorwerfen, sich mit den Weißen gemein zu machen, weiße Parteifreunde, die ihm vorwerfen, einen medialen Schwarzen-Bonus zu kassieren, oder ihn als frisch gewaschene Ausnahme unter ungepflegten Negern darstellen – nicht zu fassen, auf welchem Niveau die Debatten der Demokraten angekommen sind.

Deshalb ist es verständlich, dass Barack Obamas Haut, im übertragenen Sinne, nicht nur dunkler, sondern auch dünner geworden ist. Man sieht es ihm an. Er ist erschöpft, abgekämpft und weiter abgemagert. Berater erzählen, dass er jetzt oft leicht reizbar ist. Statt der verbotenen Zigaretten kaut er zwischen den Terminen ständig Nikotinkaugummis. In den letzten 48 Stunden hatte er mehr als ein Dutzend öffentliche Auftritte, darunter zwei „Wahlkampf-Rallies" und drei *fundraiser*. Doch er gibt jetzt noch einmal alles, um den Eindruck des sehr optimistischen, sehr dynamischen jungen Mannes zu machen, dessen ansteckender Elan von den Wahlkampfstrapazen unberührt bleibt. „How is it going, DC?", schreit er als Erstes mit unverhältnismäßiger Lautstärke ins Mikrofon und lacht dazu. Der Spruch soll zeigen, wie gut er sich hier auskennt, denn die Einheimischen reden von Washington fast nur als „DC". „Schauen Sie sich diese riesige Menschenmenge an!", ruft er dann und zeigt über die Masse, die in Wirklichkeit heute etwas kleiner ausgefallen ist, als man gehofft hatte, vielleicht 800 bis 1000 Menschen. Er sagt es dennoch so, als sei er überrascht, und er sagt es, als sei diese Veranstaltung ein weiterer Beleg dafür, dass Amerika den Neuanfang mit ihm wagen will. Es sind die hektischen ersten Minuten, in denen die Menge noch nicht ganz zur Ruhe gekommen ist und viele mehr mit ihren Digitalkameras beschäftigt sind als mit dem Zuhören. Die Regisseure haben Obama eine Art Laufsteg ins Publikum hineingebaut, so dass er nicht mehr wie ein Lehrer, Prediger oder Volksredner vorn steht, sondern mitten in der Masse auf und ab laufen kann, während er spricht. Hinten haben die Strategen die Gesichter, die später hinter dem Redner wie zufällig im Fernsehbild stehen sollen, wieder gut durchgemischt: Schwarz wie Washington, weiß wie die Landesmehrheit, und irgend etwas dazwischen für den Multikulti-Effekt. Obama hat die Ärmel hochgekrempelt und die Krawatte abgenommen, die er in den Stunden zuvor im Kapitol getragen hat. Es ist kurz nach 18 Uhr, ein warmer Wind weht über den Platz in downtown Washington, die Sonne steht schon sehr tief und strahlt den Kandidaten in warmen Farben an. Obama klatscht in die Hände, als wolle er sagen: Jetzt geht's los. Und dann kommt die Standardrede, die *stump speech*, die sich seit den frühen Wahlkampftagen und den Stationen in Iowa und Alabama nicht allzu sehr verändert hat. Aber wenn man genau hinhört, fallen manche Details auf. Gegen den ständigen Vorwurf, er habe zu wenig Erfahrung im politischen Geschäft, in der Diplomatie und in der Hauptstadt – es ist der Vorwurf, der ihm nach Auskunft der Meinungsforscher am meisten schadet und Hillary Clinton indirekt am meisten nützt – hat er sich einen sehr pfiffigen Spruch einfallen lassen: „Die Leute fragen, ob ich genug Erfahrung hier in Washington habe. Ich sage Ihnen was: Dick Cheney und Donald Rumsfeld hatten unheimlich viel Erfahrung, als sie in ihre Ämter kamen. Also: Erfahrung ist vielleicht doch keine Garantie dafür, das jemand das Richtige tut." Das gibt den ersten großen Beifall. Das Argument überzeugt jeden.

Außerdem hat er die Rede stärker auf den Vorwahlkampf zugespitzt. Der Wahlkampf ums Weiße Haus und gegen die Republikaner ist im Grunde noch weit weg; vorläufig geht es gegen Hillary Clinton, die in den Umfragen gerade haushoch führt. Deshalb versucht er, sich noch deutlicher als früher von ihr abzugrenzen: „Manche meinen, wir sollten einfach denjenigen wählen, der am besten dieses Spiel namens Politik zu spielen versteht. Aber das ist nicht meine Meinung. Ich glaube nicht, wie andere, dass Politik ein Spiel ist, sondern eine Mission. Deshalb reicht es nicht, den zu wählen, der das System beherrscht." Wer jetzt noch nicht verstanden hat, dass er auf Hillary Clinton anspielt, lebt hinterm Mond. Ihren Namen nennt er freilich nicht. Der Seitenhieb muss reichen, denn er kann ja nicht gleichzeitig als charmanter Versöhner und aggressiver Wadenbeißer auftreten.

Er ist längst bei anderen Themen angekommen und erzählt jetzt gerade, wie er den Bossen der Autoindustrie in Detroit neulich den Marsch geblasen hat, damit sie endlich Autos mit geringerem Treibstoffverbrauch bauen. „Da war die Stimmung im Saal ganz schön frostig", sagt er. Hier, versteht sich, bekommt er warmen Beifall dafür.

Obama ist populärer im Ton, bisweilen sogar populistisch, er drückt alle Knöpfe, die man hier drücken kann; der Wahlkampf hat ihm manche scharfe Kante abgeschliffen und der Rede ihre herausfordernde Poetik genommen. Die kontroversen Themen meidet er ohnehin in der *stump speech*: Freiwillig spricht er nicht über Waffengesetze, Abtreibung, Homo-Ehe oder Einwanderungspolitik. Man verliert dabei immer mehr, als man gewinnt. Doch als er von seinem Lieblingsthema spricht, ist er noch ganz der alte: „Es gibt Journalisten, die nennen mich einen Hoffnungsverkäufer", sagt er und schüttelt den Kopf dazu. Er hat diesen Satz neu eingebaut, nachdem ihm immer wieder vorgeworfen worden war, zu viel über Hoffnung und zu wenig über konkrete Pläne zu sprechen. Jetzt kontert er, und er macht es geschickt: „Wir hatten immer großartige Pläne in dieser Partei, aber wir hatten zuletzt immer zu wenig Hoffnung." Leider bringt ihn an dieser Stelle ein Störer, der direkt vor der Bühne steht und unverständliches Zeug dazwischenruft, erstaunlich schnell aus der Fassung: „Wollen Sie hier auf die Bühne kommen und selbst eine Rede halten?", fährt er den Mann recht barsch an. Obama zeigt Nerven. Vor der kleinen Pressetribüne hinten rechts stehen zwei Männer in dunklen Anzügen, die ein Dutzend eingeschweißte Lichtbildausweise um den Hals und je zwei Mobiltelefone am Gürtel tragen. Sie sagen sich jetzt, nach dem kleinen Zwischenfall, mutmaßlich wichtige Dinge in einem diskreten, aber leicht hektischen Flüsterton ins Ohr. Auch sie sind offenbar nervös geworden, weil es nicht ganz so rund läuft wie gewohnt. Neulich in New York, da waren 24 000 da, und die waren völlig außer Rand und Band vor Begeisterung. So etwas hätte Hillary Clinton niemals geschafft. Aber auch für Obama sind das seltene Höhepunkte, und immer noch ist unklar, ob sich diese Begeisterung auch in echte Wählerstimmen umsetzen lässt.

Obama kommt zum Ende. Er erzählt jetzt die Geschichte einer alten Frau in einem abgelegenen Dörfchen in South Carolina, die ihm eine kuriose Art der Motivationstechnik beigebracht hat. Im Wechsel mit ihren Freundinnen, erzählt Obama, habe die Frau immer „Are you fired up?" und „Yes, I'm fired up!" gerufen – was etwa so viel heißt wie: „Bist du heiß? – Ja, ich bin heiß!" Mehr sprachlogischen Sinn, ob man's glaubt oder nicht, ergibt das auch im Englischen nicht. Und er habe dann mitmachen müssen, was ihm peinlich war und wie eine totale Zeitverschwendung vorkam, bis er eine drollige Beobachtung machte: „Irgendwann habe ich gemerkt, dass das wirklich wirkt. Je öfter man sagt: ‚Ja, ich bin heiß!', desto besser ist man drauf." Dann folgt das Naheliegende. Die alberne Motivationsschreierei wird an Ort und Stelle durchexerziert: „D.C. – Are you fired up?" „Yes, we are fired up!" Das wird nun wiederholt wie in den

Morgenritualen amerikanischer Supermarktbelegschaften, und dann endet tatsächlich mit diesem kaum ernst zu nehmenden Sprechgesang die Rede Obamas – die Leute sind begeistert. Ein amerikanischer Wahlkampf ist eben auch eine Form des Entertainment.

„Thank you, thank you, thank you!" Viel Beifall, der Kandidat winkt ins Publikum. Einige halten Schilder hoch. In den amerikanischen Nationalfarben rot-blau-weiß, mit dicken Strichen und ungelenker Schrift stehen dort Sprüche wie „Washington loves Obama" und „Hope for America". So, wie die Schilder gemacht sind, sehen sie sehr improvisiert, aber ungemein sympathisch aus. Und jetzt hört man auch wieder die schwer identifizierbare, aber sehr nach amerikanischem Autoradio klingende Musik, die immer etwas zu leise ist, als dass man sie verstehen könnte, aber doch immerhin so laut, dass man sie nicht ignorieren kann. Und, doch, jetzt kann man sogar erkennen, wer da was singt. Es ist Aretha Franklins „Think", eine alte Freiheitshymne, die in Amerika jeder kennt. Das Lied steigert sich zu immer neuen Rufen nach Freiheit, und Aretha Franklins runde Stimme weckt Assoziationen an den *Grand Old South* und manche Südstaatensaga: „Freedom! Freedom! Freedom!" singt sie jetzt gerade, während Obama die letzten Hände schüttelt, wohlwollend nickt, Autogramme schreibt und noch schnell für ein Foto posiert, das jemand mit seinem Mobiltelefon machen will. Ein letztes Winken, dann ist er verschwunden in der kleinen Zone hinter der Bühne, die man nur schlecht einsehen kann. Kurz sieht man ihn noch einmal von hinten, dann nur noch schemenhaft, dann kann man seinen Weg nur noch erahnen. Die Musik wird jetzt noch lauter gedreht. Aretha Franklin singt noch einmal: „You need me, and I need you. Without each other, ain't nothin' neither can do. Yeah, think about it ..." Du brauchst mich, ich brauche dich, allein können wir gar nichts tun, denk mal drüber nach – kein schlechtes Lied für diesen Wahlkampf und diesen Kandidaten.

Ein Appell an Freiheit und Solidarität, dynamisch im Rhythmus, schwarz im Ton und in der Stimme, uramerikanisch in der idealistischen Diktion. Es soll Obamas eigene Idee gewesen sein, diesen Song für seine „Kampagne der Hoffnung" zu nutzen.

Die Lichter der Autokolonne blinken, die Polizei fährt voran. Aretha Franklin singt immer noch von ihren Träumen, als Obama schon davonfährt. Einen Augenblick später ist er im Washingtoner Abendverkehr verschwunden.

Markus Günther

Gesichter Amerikas

Reportagen aus dem Land
der unbegrenzten
Widersprüche

240 Seiten, gebunden, mit
Schutzumschlag und
Lesebändchen
14,90 €
ISBN 3-922750-63-X
Verlag Henselowsky
Boschmann

„Sie ist eigentlich nicht in Worte zu fassen, diese Welt jenseits des Atlantiks. Und doch arbeiten sich unzählige Autoren daran ab. Mit Büchern, die erhellen sollen und doch nur analysieren und beschreiben. Markus Günther versucht erst gar nicht, dieser komplexen Welt einen akkuraten Überbau zu zimmern. Er beläßt es bei Momentaufnahmen und erzielt gerade damit die größte Wirkung."

Hilmar Pfister, Stuttgarter Nachrichten

„Günthers Reportagen erzählen von skurrilen, lustigen und traurigen Phänomenen, behandeln soziale Themen ebenso wie politische. (...) Seine Reportagen aus Amerika sind Werke eines offenen Beobachters: Da ist Staunen ebenso möglich wie Abgestoßen-Sein oder Mitfühlen."

Heinz Niederleitner, Oberösterreichische Nachrichten

„Immer wieder hat Markus Günther diese kleinen Geschichten aus einem großen Land erzählt, die stets mehr berichten als so mancher analytische Hintergrund. Auf verblüffende Weise zeichnet er so Miniaturen und Panoramen in einem. In seinem Buch hält Günther ein immer wieder spannend zu lesendes Plädoyer dafür, es sich mit dem Bild über die USA nicht zu leicht zu machen. Was immer Bush und Co. auch tun oder lassen mögen."

Ralf Schuler, Märkische Allgemeine

Markus Günther

Auf dem Weg in die Neue Welt

Die Atlantiküberquerung
im Zeitalter der Massen-
auswanderung

ISBN 3-89639-503-3
Taschenbuch, 15,5x23,5 cm,
zahlr. Abbildungen, 241 Seiten
Wißner-Verlag, 19,80 Euro

»Ein bewegendes, spannendes Buch über die
abenteuerliche Reise deutscher Auswanderer nach
Amerika im 19. Jahrhundert«
Ralf Lehmann, Westdeutsche Allgemeine Zeitung

Im 19. Jahrhundert war Deutschland ein Auswanderungsland. Rund
fünf Millionen Deutsche sind zwischen 1818 und 1914 nach Amerika
ausgewandert.

Die Reise über den Atlantik in die Neue Welt war ein Wagnis. Auf
Auswandererseglern und frühen Dampfschiffen verbrachte man Tage
und Wochen, manchmal gar Monate, dicht gedrängt im Zwischendeck.
Sturm, Seekrankheit, Hunger und Todesangst, dazu die sozialen
Spannungen innerhalb der unfreiwilligen Reisegemeinschaft, die durch
nicht mehr miteinander verbunden war als den Wunsch nach einem
neuen, besseren Leben in Amerika.

Anhand bislang unveröffentlichter Reiseberichte, Tagebücher und
Briefe zeichnet Markus Günther in diesem Buch ein faszinierendes Bild
der Atlantiküberquerung im 19. Jahrhundert.